신의 한수

신의 한 수

신명호 지음

절체절명의 위기를 극복한
조선왕들의 초위기
돌파법

이오우

먹어야 사는 인간에게 밥은 너무나 중요하다. 오죽하면 "사흘 굶어 남의 담 넘지 않는 놈이 없다"라는 속담이 생겼겠는가? 인간의 본성을 깊이 통찰한 어느 철학자는 식욕과 성욕이야말로 인간의 본성이라고 주장하기도 했다. 인간의 윤리와 도덕을 중시하는 동양의 유학자들 역시 "백성에게는 밥이 하늘이다"라고 갈파했다.

'눈물 젖은 빵'의 서러움을 아는 이들에게, 또 '가족의 생계를 위해 하루하루를 분투'하는 이들에게 진실로 밥은 하늘이다. 나를 살리는 것이 밥이고 또 나의 가족을 살리는 것이 밥이기에 밥은 나와 가족의 하늘이다. 나의 밥이 없다면 나의 하늘이 무너진 것이고, 가족의 밥이 없다면 가족의 하늘이 무너진 것이다. 그래서 나와 가족의 하늘을 지키기 위해서라면 무슨 짓이든 못할 게 없다고 생각한다.

최근 국내외적 경제위기로 어느 분야 할 것 없이 구조조정의 파고가 높다. 과거 철밥통이나 신의 직장으로 불리던 곳의 직장인들도 구조조정의 칼날에서 자유롭지 못하다. 문명 개화된 현재가 과거에 비해 많이 좋아졌다고는 하지만 실업자가 되어서 나와 가족이 배고픈 설움을 겪을까 두렵고 그에 더하여 사회적 멸시와 편견을 당할까 두렵다. 위태위태한 조직을 이끌어야 하는 리더들 역시 두려울 수밖에 없다. 실업자가 된다는 상상만으로도, 조직이 파산한다는 상상만으로도 하늘이 무너지고 땅이 꺼지는 듯하다. 격변하는 세상에 어떤 일이 생길지는 알 수 없다. 언제 파산할지, 언제 직장이 없어질지 그 누구도 장담할 수 없다.

중국 전국시대에 양나라 혜왕이 맹자에게 좋은 정치란 무엇인지를 물었다. "백성에게 항산恒産이 없으면 항심恒心이 없고, 항심이 없으면 방탕, 편벽, 사악, 사치에 빠져 못하는 짓이 없습니다." 이것이 맹자의 대답이었다. '항산'은 곧 '안전한 산업'이자 '안전한 밥'이란 뜻이다. 안전한 밥이 없는 백성은 자포자기의 심정이 되어 무슨 짓이든 하기에 백성에게 안전한 밥을 보장해주는 것이 좋은 정치란 의미다.

　사람에게 안전한 밥이 없으면 배고픈 설움으로만 끝나지 않는다. 곧바로 세상의 멸시와 차별이 더해진다. 안전한 밥을 확보한 사람들은 혹시라도 그렇지 못한 사람들이 자신들의 밥을 강탈할까 의심하고 두려워한다. 안전한 밥을 확보하지 못한 백성이 자포자기의 심정으로 무슨 짓이든 다 하는 것과 마찬가지로, 안전한 밥을 확보한 백성들 또한 그것을 지키기 위해 무슨 짓이든 다 한다. 그렇게 되면 국가와 사회는 끝없는 갈등과 대결로 치닫고 민생은 도탄에 빠져들게 된다. 의심과 공포로 서로 간에 갈등하고 분열하는 사람들을 통합해내고 나아가 백성들의 삶을 조금이라도 개선시킨 이들이 곧 현명한 리더이자 진정한 리더였다.

　갈등과 대결을 극복하고 민생을 살리기 위해서는 그 무엇보다도 국가 지도자의 역할이 중요하다. 군주시대에는 국가 지도자로서 그 누구보다도 왕의 역할이 중요했다. 하지만 민주시대 국가 지도자는 특정 개인일 수가 없다. 사회 각 분야의 리더들이 국가 지도자이기 때문이다. 그들이 국가 지도자의 역할을 자각하고 실천할 때 조금은 더 좋은 사회, 조금은 더 좋은 국가로의 전진이 가능하다. 이 책은 그런 문제의식을 가진 리더들에게 조선시대 성공한 왕들의 고민과 시행착오 그리고 역사적 성취를 알려줌으로써 작은 길잡이가 되고자 한다.

이와우출판사 우재오 대표의 제안 덕분에, 부족하다면 부족한 대로 이만한 책이 나올 수 있었다. 집필 과정에서도 많은 도움을 준 그에게 감사의 마음을 전한다. 아울러 예쁘고 단정하게 책을 편집해준 편집부에게도 감사의 마음을 전하고 싶다.

2019년 9월 신명호

차례

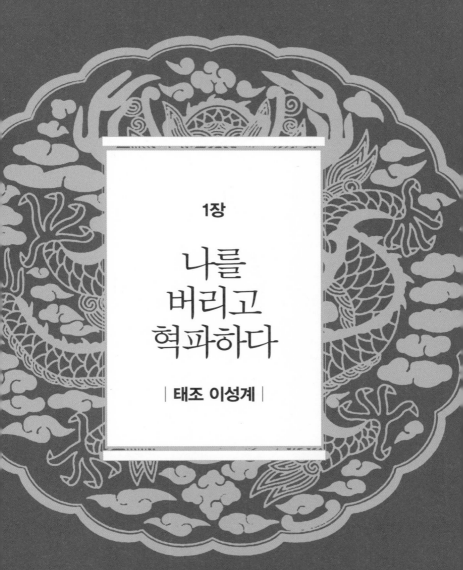

1장

나를
버리고
혁파하다

| 태조 이성계 |

문제의 발단,
토지세

사전적으로 수조권이란 '토지세인 전조田租를 거두어들일 수 있는 왕의 권한'이란 뜻이다. 즉, 수조권은 왕의 징세권이란 말이나 같다. 전통시대 유교 지식인들은 왕의 징세권을 천명이론으로 정당화했다. 천명이론에 의하면, 왕은 천명을 받은 지상의 권력자로서 통치 대상은 천하의 땅과 천하의 백성을 포괄한다. 그런 생각이『시경詩經』에 "보천지하 막비왕토 솔토지빈 막비왕신普天之下 莫非王土 率土之濱 莫非王臣"이라 표현돼 있다. '보천지하 막비왕토'는 '하늘 아래 모든 땅은 왕의 땅'이란 의미인데, 이것을 '왕토사상'이라고 했다. 왕토사상에 따르면 고려시대 모든 토지 소유권은 궁극적으로 왕에게 있었다. 그 소유권으로부터 '세금을 징수할 수 있는 권한'인 '수조권'이 나왔다. 유교 지식인들은 수조권에 입각해 왕이 10분의 1을 징수하는 것이 합당하다고 주장했다.

고려시대 왕이 자신의 수조권을 관료 개인 또는 공공기관에 위임하는 제도가 전시과였다. 관료 개인에게는 식생활에 필요한 전지田地에 더해 땔감을 마련하기 위한 시지柴地의 수조권을 등급에 따라 위임했다. 공공기관에도 조직 운영에 필요한 경비 조달 명목으로 수조권을 위임했다. 이 중에서 관료 개인이 왕으로부터 수조권을 위임받은 토지가 사전私田이었다. 반면 수조권이 왕에게 귀속된 토지는 공전公田이었다.

전시과의 개인 수조권은 그 뿌리가 연맹국가시대까지 올라간다. 연맹국가가 형성되던 그 시대에 왕권은 아직 미약했다. 반면 종교 지도자나 부족장 등의 권력은 강력했다. 최초의 연맹국가는 몇몇 종교 지도자와 부족장 연맹으로 탄생했다. 이런 상황에서 왕은 연맹의 형식적 대표일 뿐, 각 집단의 종교 지도자나 부족장을 완전하게 장악하지는 못했다. 이에 따라 연맹국가가 형성되던 시기에 각 집단의 종교 지도자나 부족장은 여전히 과거의 지배권을 행사했다. 그런 모습을 초기 고구려에서 찾아볼 수 있다.

『삼국지』「위지 동이전」의 고구려 기사에 의하면, 초기 고구려에는 대가大家와 하호下戶가 있었다고 한다. 대가는 농사를 짓지 않고 놀고먹는 신분으로 1만여 명이나 됐고, 하호는 대가의 노비와 같은 존재로 멀리서부터 곡식과 물고기, 소금 등을 짊어지고 왔다고 한다. 대가는 종교 지도자나 부족장 또는 장군이었다. 하호는 일반 농민이었다. 하호가 멀리서부터 곡식과 물고기, 소금 등을 짊어지고 온 이유는 대가에게 징세권이 있어서였다. 초기 고구려 왕권이 징세권을 독점할 정도로 강력하지 못해 이런 현상이 나타났던 것이다. 그런 전통이 삼국시대 식읍과 녹읍이 됐고 고려시대 전시과가 됐다. 전시과의 개인 수조권은 초기 고구려 대가의 징세권과 본질적으로 같은 것이다.

그런 배경에서 개인 수조권자는 국가 공권력과 반비례 관계를 가졌다. 국가 공권력이 강해지면 개인 수조권자는 약해지고, 반대로 국가 공권력이 약해지면 개인 수조권자는 강해졌다. 심지어 국가 공권력이 아주 약해지면 개인 수조권자는 고구려 대가처럼 될 수도 있었다. 고려 말이 그런 상황이었다. 국가 공권력은 유명무실해진 반면 권문세족으로 대표되는 개인 수조권자는 강력해졌다. 그 결과 헤아릴 수 없이 많은 폐단이 발생했다.

본래 개인 수조권자는 살아 있을 때 행사하던 수조권을

사망하면 국가에 반납하는 것이 규칙이었다. 하지만 국가 공권력이 약화되자 권문세족은 수조권을 반납하지 않고 상속시켰다. 수조권을 사유재산처럼 세습한 것이다. 원 간섭기를 거쳐 왜구 침략이 기승을 부리자 국가 공권력은 더 약화됐고 그에 반비례해 수조권 세습은 더 강력해졌다. 고려 말 권문세족은 산천을 경계로 거대한 사전을 소유해 세습했다. 권문세족은 이른바 만석꾼이나 천석꾼이 되어 수많은 민폐를 야기했다. 그중에서도 대표적인 민폐는 다음과 같았다.

첫째는 남징濫徵이다. 수확량의 10분의 1만 징세하는 것이 합법인데 그 이상으로 수탈하는 것이 남징이다. 방법은 다양했다. 가장 쉬운 방법은 되나 말 등을 조작하는 것이었다. 15두斗 들어가는 말을 가지고 와서 10두 들어가는 말이라고 우기는 식이었다. 그 외에도 방법은 많았다. 농사지은 땅이 실제로는 1,000평인데 3,000평이라 주장하며 그만큼 세금을 강탈하는 식이었다. 또 농민들이 힘들게 개간한 논이나 밭을 강탈하는 등 방법은 무궁무진했다. 공권력이 유명무실해지면서 국가 공권력이 살아 있었다면 불법과 비리로 처벌됐을 행위들이 도리어 판을 쳤다.

둘째는 여러 번 징수하는 첩징疊徵이었다. 첩징에도 다양한 방법이 있었다. 가장 쉬운 것은 1년에 여러 번 거두는 방법이었다. 본래 전시과 법으로는 가을철에 한 번 징수해야 했지만, 한 번에 다 납부하지 못하는 농민이 많았다. 그러면 봐준다고 하면서 반 또는 반의반만 거두고 나머지는 뒤로 미뤘다. 그냥 미루는 것이 아니라 높은 이자를 붙였다. 사실상 첩징은 고리대금업과 같았다.

그보다 더 심각한 문제는 하나의 논과 밭에 개인 수조권자가 여럿 존재한다는 것이었다. 수조권이 세습되면서 나타난 현상이었다. 새로운 수조권자가 지정되면 이전의 수조권자는 반납해야 하는데 세습이 일반화되다 보니 그렇게 되지 않았다. 새로운 수조권자도 권리를 주장하고 기왕의 수조권자도 권리를 주장해 수조권자가 여러 명이었다. 정도전에 의하면 고려 말에는 특정 전답에 수조권자가 대여섯 명이나 됐다. 법대로라면 농민은 수확량의 50~60퍼센트를 납부해야 했다. 여기에 비리와 불법이 더해지니 농민이 견디기 어려운 것은 당연했다.

남징과 첩징 외에 폐단은 또 있었다. 향응과 강매强買가 그것이었다. 전시과의 개인 수조권자는 대부분 개경에 거주했다. 반면 수조지는 경상도, 전라도, 충청도 등 지방에 있었다. 이에 따라 개인 수조권자는 종이나 측근을 보내 세금을 징수했는데, 농민은 그들에게 술과 음식을 대접하고 타고 온 말도

먹여야 했다. 이러한 향응은 농민에게 크나큰 민폐였다.

뿐만 아니라 개인 수조권자는 각종 부산물을 강제로 사들이곤 했다. 예컨대 농민들이 부업 삼아 생산한 인삼, 밤, 잣, 꿀, 버섯, 삼베 등을 강매했다. 그렇게 강매한 물품에 높은 이윤을 붙여 다시 판매함으로써 큰 수익을 올렸다. 이처럼 고려 후기 개인 수조권자는 다양한 방법으로 농민을 수탈했다. 견디다 못한 농민들은 뿔뿔이 흩어졌다. 그것은 세금 자원과 국방 자원의 고갈로 이어졌다. 세금도 걷히지 않고 국방비도 감당하지 못하는 국가는 국가도 아니었다. 고려 말이 바로 그러한 상황이었다.

이성계의 딜레마

위화도에서 요동 공격을 준비하던 이성계는 우왕 14년(1388) 5월 22일 회군을 결행했다. 좌군도통사 조민수 역시 회군 대열에 합류했다. 6월 1일 개경에 도착한 이성계와 조민수는 우왕을 생포하고 국가 권력을 양분했다.

회군에 성공한 이성계는 산더미 같은 국가 현안들 중에서도 토지겸병(남의 토지를 합쳐 가지는 것)이 최고 민폐라 판단해 그것을 없애라 요구했다. 고려 말에 국가적, 사회적으로 가장 심각한 폐단은 권문세족의 토지겸병이었다. 그들의 토지겸병은 부익부 빈익빈 현상을 극도로 악화시켰다. 그 때문에 민생, 국가재정, 안보는 파탄 상태였다. 농민을 살리고 국가를 정상화시키려면 그 무엇보다 토지겸병을 타파해야 했다.

　이성계의 최초 구상은 소유권 혁파였다. 그것은 "태조 이
성계는 경내의 모든 토지를 취하여 국가에 소속시켰다가 계
민수전計民授田을 함으로써 옛 토지제도를 회복하려 했다"라
는『조선경국전朝鮮經國典』의 기록으로 확인된다.『조선경국
전』에서 언급한 '계민수전'이란 국가가 개인 토지를 몰수해
국유지로 하고, 그 국유지를 정전井田으로 만들어 농민에게 골
고루 나누어 준다는 의미다. 국가가 개인 토지를 몰수해 국유
지로 한다는 것은 모든 소유권을 국유화한다는 뜻이고, 그것
은 개인 소유권을 혁파한다는 뜻이다. 위화도 회군 직후 정도
전은 토지겸병을 해결하려면 계민수전이 최선이라 주장했고,
이성계가 그것을 추진하려 했던 것이다.

　소유권을 혁파하면 권문세족은 수조권과 소유권을 잃게
될 것이었다. 그것은 모든 경제력을 잃는다는 뜻이었다. 경제
력을 상실하면 정치적, 사회적 영향력 역시 상실할 것이 뻔했
다. 당연히 권문세족은 소유권 혁파에 반대했다. 반대 논리는
전통 파괴, 지배층 몰락 등이었다. 전통 파괴란 고려 태조 왕
건이 사전을 제정했는데 이것을 없애는 것은 고려를 뒤엎으
려는 불순한 시도라는 주장이었다. 지배층 몰락이란 수조권
과 소유권이 없는 지배층은 먹고살기 위해 농사를 짓거나 장

사를 해야 하는데, 그렇게 되면 역시 나라가 망한다는 주장이었다. 이런 주장들은 당시 권문세족이 토지겸병 폐단을 태조 왕건의 전시과체제 안에서 해결하려 했으며, 이 같은 자신들의 주장에 이성계가 동의할 것으로 기대했음을 말해준다.

당시 권문세족은 이성계가 정도전의 소유권 혁파 주장을 절대 수용하지 않을 것으로 예상한 듯하다. 이성계 본인이 권문세족보다 더한 대지주였기 때문이다. 회군 당시 이성계가 소유한 전답이 정확히 얼마인지는 확실하지 않지만 몇몇 사실로 추정할 수 있다. 이성계는 왕이 된 직후 큰아들 이방우에게 함경도 논과 밭을 상속했는데 그 규모가 논은 27섬지기, 밭은 62일경日耕이었다. 평으로 환산하면 27섬지기는 약 4만 2,500평, 62일경은 약 5만 1,500평으로 합치면 10만 평 가까이나 된다. 이방우가 상속으로 받아야 하는 몫이 이 정도였다. 고려 말 조선 초의 상속 관행은 아들딸 구분 없이 공평하게 나누어 주는 균분상속이었다. 이성계에게는 8남 3녀의 자녀가 있었고, 그들에게 골고루 상속하려면 최소 100만 평 이상이 필요했다. 이런 사실로 보아 당시 이성계의 소유 전답이 적어도 100만 평 이상이었음을 추산할 수 있다.

또한 이성계의 개인 재산을 토대로 형성된 조선시대 내수사 토지가 순조대를 기준으로 3,797결이었던 사실로 미루어 고려 말 이성계가 그 반이나 반의반 정도를 소유했다고 가정하면 2,000결에서 1,000결을 소유했던 것으로 추산된다. 이른바 만석꾼도 겨우 500결을 소유했는데, 이성계는 그 이상이었던 것이다. 짐작하건대 고려 말에 1,000결에서 2,000결 정도의 대토지를 소유한 사람은 그리 많지 않았을 것이다. 웬만한 권문세족이라고 해봐야 500결에서 1,000결의 토지를 소유했을 것이다. 이성계는 그것보다 훨씬 많은 2,000결 내외 대토지의 소유자였다.

어마어마한 대지주 이성계가 정도전의 구상대로 소유권 혁파를 추진하려면 먼저 자신의 전답부터 포기해야 했다. 아무리 권력이 좋다고 해도 그렇게 거대한 재산을 버리기는 쉽지 않다. 조민수만 해도 위화도 회군 이후 권력을 잡자마자 재산 증식에 몰두했다. 하지만 이성계는 소유권 혁파를 위해 필요하다면 자신의 전답을 기꺼이 포기하기로 결심한다. 정도전은 『조선경국전』에서 이성계가 사전혁파를 자신의 임무로 생각했다고 언급했는데, 이는 농민과 국가를 살리기 위해 자신의 전답을 포기했다는 의미와 같다.

이성계는 왜 그런 결심을 했을까? 회군이라는 비상사태를 무마하기 위해서는 비상한 조치가 필요했다. 고려 말 가장 심각한 문제는 토지겸병으로 야기된 부의 불균형과 국가재정의 파탄이었다. 농민을 살리고 국가를 정상화하려면 소유권 혁파가 필요했다. 소유권 혁파를 주도하는 사람은 농민과 국가를 살리는 주인공이기에 대의명분도 장악하고 정치적 주도권도 장악할 수 있을 터였다. 그렇게 이성계는 조상 대대로 내려오던 2,000결 내외의 전답을 포기할 결심을 했다. 크나큰 희생정신과 결단력이 있었기에 가능했던 일이다.

이성계는 평생 백 차례 넘게 전쟁을 치렀고 모든 전쟁에서 이겼다. 하지만 그가 승리한 모든 전쟁이 늘 유리했던 것만은 아니었다. 패색이 짙었을 때도 여러 번이었다. 그럴 때 겁에 질려 주저하거나 후퇴했다면 이성계는 패장이 됐거나 전사했을 것이다. 하지만 이성계 장군은 위기 상황에서 더 용감하고 더 희생적으로 행동했다. 목숨의 위협을 무릅쓰고 적진으로 달려나가 적장과 일대일 승부를 펼쳤다.

사실 이성계 장군의 이러한 선택은 자신의 목숨과 부하들 전부의 목숨을 건 도박이나 마찬가지였다. 적장과의 일대일 승부에서 패하면 자신은 물론 부하들의 죽음도 각오해야 했기 때문이다. 그럼에도 이성계 장군이 그렇게 한 이유는 위기 상황에서 자신과 부하들의 목숨을 살릴 수 있는 방법은 그것뿐이었기 때문이다. 전쟁에서 패해 전사하느니 차라리 목숨 걸고 싸워서 전세를 역전시키겠다는 리더십이 이성계 장군을 선봉으로 달려나가게 만들었다.

이성계 장군의 희생정신과 결단력은 전쟁터에서 아주 유효하게 작용했다. 패전 위기에서 이성계 장군이 필마단기로 선봉에 나서 적장을 활이나 칼로 제압하면, 부하들의 사기는 하늘처럼 높아졌다. 반면 적군의 사기는 형편없이 떨어졌다. 이성계 장군은 바로 그 순간을 노려 총공격을 감행해 승리를 쟁취하곤 했다. 장군으로서 이성계의 리더십은 이순신 장군의 "필사즉생 필생즉사必死卽生 必生卽死"와 통한다. 이성계 장군은 죽음의 위기를 넘어서기 위해서는 죽음을 각오해야 한다는 진리를 터득했던 것이다.

위화도 회군 이후 이성계 장군이 마주한 적은 무기를 든 군대가 아니라 기득권을 쥔 권문세족이었다. 권문세족의 기득권은 다른 것이 아니라 막대한 전답과 높은 벼슬이었다. 권문세족을 무력화시키려면 그들의 전답과 벼슬을 빼앗아야만 했다. 하지만 폭력으로 빼앗는다면 폭력의 악순환에 빠져들 것이 분명했다. 비폭력으로 빼앗으려면 그럴 만한 명분과 여론이 필요했다.

바로 그때 이성계 장군은 전쟁터에서 그랬듯이 솔선 리더십을 발휘해 모든 전답을 포기하겠다고 결심했다. 그 효과는 어마어마했다. 이성계 장군에게 기대를 건 모든 사람들로부터 진심 어린 존경과 복종을 끌어낼 수 있었다. 이성계 장군의 희생정신은 권문세족의 탐욕과 대비되면서 더더욱 빛을 발했고 그것만으로도 도덕적 우위를 보장했다. 이런 도덕적 우위를 바탕으로 이성계는 강력한 정치력을 발휘할 수 있었다. 위화도 회군 이후 이성계의 정치력은 농민과 국가를 살리기 위한 희생정신에서 폭발했다고 평가할 수 있다. 농민과 국가를 위한 희생정신은 곧 농민과 국가를 부유하게 만들기 위한 희생정신이었고 그래서 부민의 덕목이자 부국의 덕목이라 할 만했다.

전재산을 포기할 각오로 소유권 혁파를 주도한 이성계는 혁신을 상징하는 인물이 됐다. 덕분에 이성계는 정치적 주도권을 잡을 수 있었다. 수세에 몰린 조민수와 권문세족은 소유권 혁파의 문제점을 폭로하는 데 급급할 뿐 부의 불균형과 세금의 불균형을 어떻게 해결할지에 대해서는 속수무책이었다. 정도전의 냉정한 현실 인식과 이성계의 과감한 희생정신이 가져온 결과였다.

정도전은 『조선경국전』에서 소유권 혁파의 구체적인 방법으로 고제古制를 들었는데, 고제란 주나라 때의 정전제를 의미한다. 정전제는 일정한 토지를 우물 정井 자 모양으로 구획해 아홉 등분으로 나누고 가운데 부분을 공동으로 경작해 국가세금에 충당하는 한편 나머지 여덟 부분은 한 가구에 하나씩 분배하는 방식이다. 새로운 가구가 발생하면 국가에서는 새로 정전을 만들어 지급했다. 이렇게 하면 모든 농민 가구는 우물 정 자 모양의 토지 중에서 하나의 부분만 차지하게 되어 부의 불균형을 해소할 수 있었다. 세금 역시 공동으로 경작해 납부함으로써 불법이나 비리가 판칠 가능성이 거의 없었다. 이런 장점으로 정전제는 삼국시대부터 토지겸병이 문제시될 때마다 주요 대안으로 거론되곤 했다.

그런데 정전제를 시행하려면 모든 토지를 국유화해야 했다. 즉 사유지를 국가에서 몰수하거나 매입해 국유로 하고, 그 토지를 정전으로 구획해 가구별로 재분배해야 가능했다. 이런 사실을 정도전 역시 잘 알고 있었다. 정도전은 『조선경국전』에서 "옛날 토지는 모두 관청에 소속됐고, 관청이 백성에게 토지를 주었다. 백성이 경작하는 것은 모두 관청에서 받은 토지였다. 이에 천하의 백성은 모두 토지를 받아 경작했기에 빈부 격차가 심하지 않았다. 토지에서 산출되는 것은 모두 국가에 들어가 국가 역시 부유했다"라고 했다. 여기서 '옛날 토지'란 바로 정전제를 의미한다. 정도전은 정전제의 장점으로 빈부 격차 해소와 더불어 부유한 국가재정을 제시했던 것이다.

하지만 실제로 정전제를 실행하기에는 많은 문제가 따랐다. 가장 큰 문제는 '경내의 모든 토지를 취하여 국가에 소속시키는 것' 즉, 토지국유화였다. 토지국유화는 개인의 토지 소유권을 부정하기에 모든 지주들과 충돌할 수밖에 없었다. 한국사의 경우 삼국시대 이후 개인의 토지 소유권은 계속 강화되어 왔다. 만약 개인 소유권이 보장되지 않는다면 개인은 굳이 고생하면서 황무지를 개간하거나 묵은 땅을 경작할 이유가 없었다. 이에 국가는 개인의 토지 소유권을 보장함으로써 개간과 경작을 장려하고자 했다. 이렇게 함으로써 국가 전체적으로 경작지가 확대됐고 단위 수확량도 증대되는 한편 개인 소유권 역시 강화됐다.

이러한 상황에서 고려 말의 토지겸병이 아무리 심하다고 해도 토지 소유권 자체를 부정하는 것은 역사의 흐름에 맞지 않았다. 만약 토지국유화를 강행한다면 대지주는 물론 중소 지주 나아가 조금의 토지라도 소유한 농민 모두가 반발할 게 분명했다. 예로부터 자기 토지를 국가에 헌납할 지주는 이 세상에 존재하지 않는다. 이론적으로 고려 말에 정전제에 적극적으로 찬성할 사람은 자기 소유 토지가 전혀 없는 사람들뿐일 것이었다. 그들은 사회 주류 세력도 아니었고 그 머릿수가 그리 많지도 않았다.

더구나 이상적인 정전제가 시행되려면 넓은 평지가 필요한데 한반도에는 산과 언덕이 많아 정전 자체를 만들기가 어려웠다. 억지로 정전을 만든다고 해도 척박한 산비탈에 자리한 정전과 비옥한 평야에 자리한 정전이 같을 수가 없었다. 그렇다면 그 어떤 농민도 척박한 산비탈 정전을 받으려 하지 않을 것이 분명했다. 이런 차별을 해소하려면 정전 면적 자체를 조정해야 하는데, 이는 너무나 복잡한 문제를 불러왔다. 즉, 전국 토지를 측량해 토지 척박도와 비옥도를 계산하고 그 계산에 따라 면적을 조정해 정전을 지급해야 불만이 없을 텐데, 이는 사실상 불가능한 일이었다. 게다가 토지는 유한한데 인구는 급격히 증가할 수 있으므로 인구가 토지를 초과할 경우 대책이 없었다. 이런 문제점들로 인해 반만년 한국사에서 정전제 같은 토지국유화는 이상으로만 논의됐을 뿐 실행된 적은 없었다.

　위화도 회군 이후 이성계 역시 비록 국가 권력을 장악했다고는 하지만 외국 점령군 같을 수는 없었다. 또한 정도전 등 유교 지식인들에게 비록 정전제사상이 있었다고는 해도 공산주의 같은 소유권 타파 사상은 없었다. 따라서 이성계와 정도전이 실제 정전제를 실행하려면 넘어야 할 현실적, 이론적 난관이 무수히 많았다.

현실적 대안, 수조권 혁파

이성계와 정도전은 성공한 혁명가였다. 그들은 역사적 추이나 현실적 한계 등을 무시하고 이상만 내세우는 인물들이 아니었다. 아무리 회군이라는 비상 상황이라고 해도 현실을 무시하고 계민수전을 강행할 경우 성공 가능성이 희박함을 잘 알았다. 정도전은 『조선경국전』에서 "계민수전으로써 옛날의 올바른 토지제도를 회복하고자 하였으나, 권문세족이 갖가지로 방해하여 백성들이 그 혜택을 받지 못하게 되었으니 몹시 통탄스럽다. 그러나 뜻을 같이하는 두세 대신과 함께 고려의 전시과를 연구하고 오늘날의 마땅함을 참조하여 토지제도를 정비했다"라고 했다. 여기서 정도전은 계민수전을 포기한 이유로 권문세족의 방해를 들고 있지만, 실제로는 계민수전 자체가 실천 불가능했다. 계민수전은 권문세족뿐만 아니라 중소지주와 일반 관료, 나아가 일반 농민도 반대했기 때문이다.

그럼에도 정도전이 계민수전을 주장한 이유는 일단 그 주장으로 권문세족에 대한 이성계의 도덕적 우위와 정치적 우위를 확실하게 만들기 위해서였다. 따라서 계민수전을 주장한 이성계가 정치적 주도권을 장악하자 정도전은 돌연 계민수전을 포기했다. 그 대신 기왕의 전시과를 해체하고 새로운 토지제도를 마련하는 선에서 토지겸병을 바로잡으려 했다. '고려의 전시과를 연구하고 오늘날의 마땅함을 참조하여 토지제도를 정비했다'라는 언급이 바로 그 증거다. 이는 권문세족의 반발을 약화시키는 한편 중소 지주와 일반 관료 나아가 일반 농민의 지지를 끌어내기 위한 현실적 선택이었다. 그래야 권문세족과의 대결에서 승리하고 사전혁파도 성공할 수 있었다.

정도전은 정전제를 포기한 후 전시과 해체 즉, 수조권 혁파를 추진했다. 그때 대사헌 조준이 전면에 나섰다. 조준이 공개적으로 수조권 혁파 방안을 제시한 때는 창왕 즉위년(1388) 7월이었다. 그 이전에 이성계 일파는 정도전을 중심으로 계민수전을 강력하게 주장했지만 그것은 비공식 주장이었다. 그 비공식 주장에 권문세족은 크게 긴장해 저지하기 바빴다. 그렇게 계민수전 주장으로 정국 주도권을 장악하자 이번에는 대사헌 조준이 전면에 나서 현실적인 수조권 혁파 방안을 제시했던 것이다.

상소문에서 조준은 전시과의 폐단을 조목조목 비판했다. 비판의 핵심은 남징과 첩징 그리고 향응과 강매였다. 조준은 전시과 폐단으로 농민이 와해되고 국가재정은 파탄이 났다고 강조했다. 조준에 의하면 당시 하나의 논과 밭에서 수조권을 주장하는 사람이 대여섯 명에 이르렀고, 1년에 첩징하는 횟수가 여덟아홉 번에 이른다고 했다. 농민은 수확물의 80~90퍼센트를 강탈당하는 셈이었다. 따라서 전시과를 해체하고 새로운 토지제도를 마련해야 한다고 주장했는데, 결국 기왕의 수조권을 혁파하고 새로운 수조권을 창출해 재분배해야 한다는 주장이었다.

조준은 전시과 해체의 모범으로 태조 왕건을 제시했다. 왕건은 즉위 34일 만에 명령을 내려 당시 수조권자들이 농민으로부터 1결당 6석씩 징수하는 현실을 개탄하고 2석씩만 징수하게 했는데, 바로 이 조치로 후삼국을 통일할 수 있었다고 했다. 이 언급대로 신라 말 권세가들은 수확량의 10분의 3을 세금으로 거두었는데, 조준은 이 정도도 가렴주구라고 평가했다. 고려 말 현실은 그보다 심한 10분의 8이나 9를 거두는 상황이었다. 그럼에도 국가가 멸망하지 않은 것은 천운이라 주장하며 조준은 대대적인 개혁을 역설했다.

조준의 사전혁파 방안대로 새로운 수조권을 창출해 재분 배하려면 사전의 실태는 물론 전체 공전의 규모부터 파악해야 했다. 정확한 실태를 파악해야 사전을 회수할 수 있고, 공전 규모가 파악되어야 수조권을 재분배할 수 있기 때문이었다. 그 과정에서 불법이나 비리 역시 적발해낼 수 있었다.

한편 조준의 사전혁파 방안에서는 불법과 비리에 대한 엄격한 처벌도 요구했다. 예컨대 규정보다 1결 이상을 초과해 지급한 자와 수령한 자, 반환할 때 1결 이상을 은닉한 자, 사사로이 세습하는 자, 다른 사람의 토지를 1결 이상 강탈한 자, 사전을 받은 아버지가 사망했는데도 신고하지 않고 점유한 자 등은 모두 사형시키라고 했다. 이러한 일들은 권문세족들이 일상적으로 저지르던 불법과 비리였다. 조준은 그런 불법과 비리를 근절하기 위해 사형이라는 엄벌을 제안했는데 이는 국가 공권력으로 권문세족을 제압하겠다는 의미였다. 조준에 이어 간관 이행과 판도판서 황순상, 전법판서 조인옥 역시 사전혁파를 요구하는 상소문을 올렸다. 일반 농민은 물론 대다수 관료들 여론 역시 사전혁파를 요구했던 셈이다. 결국 사전혁파는 거스를 수 없는 당대의 사명이었으며, 그 사명을 담당한 이성계와 그 일파는 시대의 주인공이 될 수 있었다.

반면 권문세족에게 조준의 사전혁파 방안은 불안을 넘어 공포였다. 혁파안대로 하면 기왕의 사전을 몰수당하는 것은 물론 비리와 불법으로 축적한 재산도 모조리 몰수당해야 했다. 더구나 장차 지급될 사전 규모가 크게 축소될 것이 분명해 생활고에 시달릴 상황이었다. 여기에 더해 자칫 비리와 불법을 모색하다가는 사형이라는 엄벌이 기다렸으니, 말 그대로 조준의 사전혁파 방안은 사형선고와 같았다. 당연히 권문세족들은 결사적으로 반대했다. 반대 논리는 역시 전통 파괴와 지배층 몰락이었다. 『고려사』에 의하면 권문세족은 "무리하게 사전을 혁파하면 선비들 생계가 날로 어려워져 결국에는 장사꾼이나 기술자가 될 수밖에 없을 것이다"라는 논리로 사람들을 선동했다고 한다. 사전혁파에 대한 공포가 권문세족을 넘어 일반 관료 전반에까지 퍼졌던 것이다.

그 공포는 새로 받게 될 사전 규모가 조준의 사전혁파 방안에 명시되지 않았기에 더 커졌다. 만약 지급되는 사전 규모가 10분의 1로 크게 줄어든다면 어떻게 되겠는가? 당연히 권문세족은 자신들이 생활고에 내몰릴 것이고, 그렇게 되면 먹고살기 위해 장사를 하거나 기술을 배울 수밖에 없으며 그것은 관료의 몰락을 넘어 고려의 몰락으로 이어질 수 있다는 논리로 사전혁파를 방해하려 했다. 실제로 그 논리에 많은 관료들이 동요했으며 정몽주 등 일부 신진사대부까지 동조했다. 그들은 이성계 일파의 사전혁파를 개혁으로 생각하지 않고 역모로 인식했다. 조준의 사전혁파 방안이 공개된 이후 고려는 찬성파와 반대파로 나뉘어 격렬한 투쟁을 벌였다. 반대파의 중심 인물은 역설적이게도 신진사대부의 대표인 정몽주였다.

하지만 이성계는 흔들리지 않고 사전혁파를 밀어붙여 창왕 1년(1389) 8월에는 전국적인 토지조사를 마쳤다. 그 결과 세습 사전, 은퇴자 사전의 실태가 파악됐고 총 경작지 규모는 62만여 결로 확인됐다. 이를 토대로 기왕의 전시과를 폐지하고 수조권을 새로 분배하는 방안을 구체화했는데, 그 과정에서 기왕의 토지 대장을 회수해 폐기 처분했다. 공양왕 2년(1390) 9월에 개경 시가지에서 토지 대장을 불태웠는데, 얼마나 많았던지 며칠을 불탔다고 한다. 그때 공양왕은 눈물을 흘리면서 "역대 조종께서 제정하신 사전제도가 과인 대에서 갑자기 없어지니 참으로 애석하도다"라고 말했다 한다. 기왕의 전시과에 입각한 수조권이 혁파됐음을 슬퍼했던 것이다. 공양왕 3년(1391) 5월, 도평의사사는 수조권 분배 방안을 새로 마련해 왕에게 제출했다. 그 분배 방안은 조준의 사전혁파 방안을 토대로 하면서 시지 폐지 및 경기 사전 원칙을 추가해 마련됐다.

고려시대 전시과는 전지와 시지 두 가지로 구성되어 있었다. 그런데 도평의사사의 분배 방안은 전지만 인정하고 시지는 폐지했다. 이는 기왕의 수조권을 절반으로 축소시킨 셈이었다. 여기에 더해 사전은 경기도에만 설정한다는 원칙을 정했다. 개인 수조권자에 대한 국가 통제를 강화하기 위해서였다.

새로운 수조권 분배 방안에 대해 정도전은 "비록 옛사람에 미치지는 못하지만 토지제도를 정비하여 한 시대의 전범으로 하였으니, 어찌 전시과가 만만해 보이지 않겠는가?"라고 자부했다. 비록 정전제만큼은 되지 못하지만 기왕의 전시과보다는 훨씬 양호하다는 자부심이었다. 이는 자신이 주도한 분배 방안으로 권문세족을 제압하고 농민과 국가를 회생시켰다는 자부심이었다.

실제 새로운 분배 방안으로 권문세족의 경제력과 특권은 크게 약화된 반면 일반 관료와 농민의 경제력은 강화됐다. 자연히 일반 관료와 농민은 이성계를 지지했고, 그 힘으로 이성계는 1392년 7월 조선을 세울 수 있었다. 고려 말의 새로운 수조권 분배 방안은『경국대전』에 과전법이라는 이름으로 수록되어 조선시대 기본 토지법이 됐다.

『고려사』에 의하면 조민수는 사전혁파에 반대하다가 숙청됐다고 한다. 조민수는 이성계가 전재산을 포기하고 정말로 정전제를 추진하자 권문세족을 대표해 반대했고, 그것은 토지겸병을 해결하라는 창왕 명령에 어긋나는 행동으로 비난받았다. 그 때문에 조민수는 왕명 거역으로 몰려 숙청당했다. 이는 이성계와 정도전이 정전제를 이용해 조민수와의 권력 투쟁에서 승리했음을 의미한다. 만약 조민수와 권문세족이 토지겸병 해결을 시대의 사명으로 인식하고 앞장서서 개혁하고자 했다면 그리 쉽게 역사의 뒤안길로 사라지지 않았을지도 모른다. 하지만 그들은 기득권을 지키기 위해 토지겸병 해결이라는 시대의 사명에 소홀했다. 그 결과 조민수와 권문세족은 구세력으로 몰려 역사의 뒤편으로 사라졌다.

조선 건국 14년 후인 태종 6년(1406)에는 전국 경작지를 조사했다. 총면적은 96만여 결로, 창왕 1년의 62만여 결에 비해 무려 34만 결이나 늘어난 수치였다. 비율로는 50퍼센트 이상 늘어난 셈이었다. 고려 전성기의 80만 결에 비해서도 16만 결 이상 늘어난 수치였다. 그리고 다시 26년 후인 세종 14년(1432)에 편찬된『팔도지리지』에 의하면 전국 경작지는 171만여 결로 폭증했다. 이는 태종대의 96만여 결에 비해 75만 결이나 늘어난 규모였고, 고려 말의 62만여 결에 비하면 약 110만 결이나 늘어난 규모였다. 고려 전성기의 80만여 결에 비해도 배 이상 늘어난 규모였다.

위화도 회군이 있던 1388년부터 세종 14년인 1432년까지 44년밖에 되지 않는 그 짧은 기간에 이토록 경작지가 폭증한 이유는 수조권의 재분배로 농민 생활이 안정되고 국가재정이 충실해졌기 때문이다. 농민 생활과 국가재정이 안정되자 국방력이 강화됐고, 그것은 다시 왜구 진압으로 이어졌다. 이러한 결과는 수조권 재분배가 부민으로, 그것이 다시 부국강병으로 연결됐음을 의미한다. 조선 초기 세종대의 찬란한 문화 창조는 부민과 부국강병의 결과였다.

2장

안 되면
될 때까지
밀어붙이다

| 태종 이방원 |

불교의 시대

고려시대에는 탑이나 절을 세움으로써 개인이나 가문, 국가의 소망을 성취할 수 있다는 비보神補사상이 유행했다. 비보사상은 도선 선사에 의해 정립됐다. 마치 사람이 아플 때 특정 혈에 침을 놓거나 뜸을 뜨면 좋은 기는 북돋아지고 나쁜 기는 사라져 질병이 치료되듯, 국토에도 명당이 있어서 그곳에 사찰을 지으면 좋은 지기는 북돋아지고 나쁜 지기는 억압됨으로써 국태민안(國泰民安, 나라가 태평하고 백성이 편안함)이 성취된다는 것이 비보사상이다.

태조 왕건은 독실한 불교신자였을 뿐만 아니라 독실한 비보신앙자이기도 했다. 비보신앙에 따라 왕건은 수많은 사찰을 창건했다. 그런 사찰을 비보사찰이라 불렀다. 왕건의 비보 사찰은 『훈요십조訓要十條』에도 분명하게 드러나 있다. 『고려 사』에 의하면 왕건은 동왕 26년(943) 4월 박술희를 내전으로 불러들여 『훈요십조』를 전했다고 한다. 그 내용은 후대 왕에 게 당부하는 열 가지 귀감이다.

첫 번째 내용은 다음과 같다. "국가 대업은 반드시 여러 부처님의 보호하심에 힘입어야 되므로 나는 선종과 교종 사 찰을 창건하고 주지를 파견해 불도를 닦으며 각각 업을 닦도 록 하였다. (내가 죽은 후 혹시라도) 정권을 잡은 간신이 승려들 청 탁에 따라 각자 사찰을 경영하면서 서로 쟁탈전을 벌이는 일 이 있을지 모르니, 그런 일은 단연코 금지해야 한다."

이 내용은 왕건 즉위 후 수많은 비보사찰이 창건됐음을 증명한다. 실제로 태조 왕건은 재위 기간 중 약 70개의 비보 사찰을 창건했다고 전해진다. 이렇게 창건된 비보사찰의 경 영권을 둘러싸고 분쟁이 일어날지 모르니 조심하라는 것이 『훈요십조』의 첫 번째 내용이다. 태조 왕건에게는 비보신앙과 그 신앙에 입각해 창건된 비보사찰의 운영이 그 무엇보다도 중요했던 것이다.

태조 왕건이 비보사찰 경영에 특별히 관심을 기울인 이유 는 막대한 토지와 노비를 지원했기 때문이다. 관행적으로 정식 스님 1명에게 토지 2결과 노비 1명을 지원했다. 이때 지급된 토지는 소유권이 아니라 수조권이었다. 비보사찰에 정식 스님 100명이 상주한다면 수조지 200결, 노비 100명이 지급된다는 계산이 가능하다. 태조 왕건이 창건한 비보사찰에는 100명 내외의 정식 스님이 상주했으므로 토지는 200결 내외, 노비는 100명 내외가 지급됐다. 비보사찰에 이렇게 많은 재산이 있다 보니 스님들 사이에 경영권 분쟁이 치열했다. 태조 왕건은 바로 이 점을 우려해 『훈요십조』의 첫 번째 조항으로 경계했던 것이다.

두 번째 조항 역시 비보사찰과 관련이 있다. "모든 사찰은 도선 선사가 산과 물의 역순逆順을 미루어 점지한 장소에 창건해야 한다. 도선 선사는 '내가 점지한 장소 이외에 망령되이 창건한다면 지덕地德을 훼손해 국가가 오래가지 못하리라' 하고 예언했다. 짐은 훗날 왕족이나 고관대작들이 원당願堂이라 핑계하며 마구 창건할까 크게 염려한다. 신라 말에 사찰을 다투어 창건해 지덕을 훼손했다가 멸망했으니 어찌 경계하지 않겠는가?"

태조 왕건이 70개나 되는 비보사찰을 창건했기에 후계 왕들 역시 무수한 비보사찰을 창건할 가능성이 높았다. 그때 혹시라도 잘못된 장소에 창건할 가능성이 있었다. 왕건은 그렇게 되면 마치 잘못된 혈에 침을 맞은 사람이 죽듯, 국가 역시 멸망할 것이라 염려해 도선 선사가 점지한 곳에만 창건하라 가르쳤던 것이다.

실제로 태조 왕건 사후 전국 방방곡곡에 비보사찰이 세워졌고, 토지와 노비를 지원받았다. 문제는 도선 선사가 점지한 장소가 너무 많다는 사실이었다. 조선왕조의『성종실록』에는 '도선삼천비보道詵三千裨補'라는 표현이 등장한다. 도선 선사가 점지한 장소가 3,000곳이란 뜻이다. 이 숫자는 많다는 뜻이기도 하지만 실제로 3,000개라는 뜻이기도 했다. 고려 말 약 3,000개의 비보사찰이 존재했던 것이다.

비보사찰로 지정되지 않은 일반 사찰들도 무수히 많았다. 고려 말 비보사찰과 일반 사찰의 수를 전부 합치면 어느 정도일까. 정확하지는 않지만『성종실록』기록을 통해 추산이 가능하다. 조선 성종 11년(1480) 10월에 정극인이 올린 상소문에 의하면 당시 조선팔도에는 1만 개가 넘는 사찰에 10만 명이상의 스님이 있었다고 한다. 구체적으로 경상도에 3,000여개, 전라도에 2,000여 개, 충청도에 1,500여 개, 강원도와 황해도에 1,000여 개, 함경도와 평안도에 1,000여 개, 경기도에 1,000여 개 사찰이 있었다.

1480년이면 조선이 건국되고 100년 가까이 흐른 시점인데 그때도 1만 개 넘는 사찰에 10만 명 이상의 스님이 있었다는 뜻이다. 그런데 이 사찰들은 대부분 비보사찰이 아닌 일반 사찰이었다. 조선 건국 후 강력한 숭유억불정책에 의해 3,000개 비보사찰 중 18개를 제외하고는 사라졌기 때문이다. 이렇게 보면 고려 말에 비보사찰 3,000개, 일반 사찰 1만여 개, 총 1만 3,000개 이상의 사찰이 있었다고 추산할 수 있다. 3,000개 비보사찰에 지급된 수조지와 공노비의 수는 상상 초월이었다. 조선시대 기록에 의하면 고려 말 비보사찰에 지급된 수조지는 10만여 결, 공노비는 5만여 명으로 추산된다. 정식 스님은 5만여 명이었다. 정식 스님 1명당 수조지 2결, 공노비 1명을 지급한 결과였다.

이것은 비보사찰의 수조지와 공노비만 계산할 때 그렇다는 뜻이다. 비보사찰에는 사유지와 사노비가 있었고 일반 사찰도 마찬가지였다. 비보사찰과 일반 사찰의 총 사유지와 총 사노비를 정확히 계산하기는 어렵지만 대체로 수조지에 준한다고 하면 사유지 10만여 결, 사노비 5만여 명으로 추산된다. 이 사유지를 수조지와 합하면 20만여 결이 되고, 사노비를 공노비와 합하면 10만 명 이상이 된다. 고려 말 전국의 경작지는 60만 결이 넘는 것으로 추산된다. 결국 고려 말에는 총 경작지의 3분의 1에 해당하는 20만여 결이 사찰의 수조지나 소유지였다.

한편 고려 말 3,000개 비보사찰의 정식 스님 수가 5만 명으로 추산되는데, 이들은 조선 건국 후 숭유억불로 대부분 도태됐다. 따라서 조선 성종 연간 정극인이 언급한 10만여 스님은 대부분 일반 사찰의 스님이다. 이렇게 보면 고려 말에는 비보사찰에 5만여 스님, 일반 사찰에 10만여 스님, 합해서 15만 명이 넘는 스님이 있었다고 짐작된다. 또 비보사찰의 공노비는 5만 명, 비보사찰과 일반 사찰의 사노비도 5만 명 정도로 추산된다. 스님 15만 명에 노비 10만 명을 합하면 25만 명이다. 고려 말 전체 인구가 400만 명 내외로 추산되는데 그중 약 6퍼센트에 해당하는 25만 명이 사찰에 있었던 것이다.

고려시대 스님이 15만 명이었다는 것이 얼마나 큰 규모인지는 현재와 비교할 때 실감할 수 있다. 1995년에 발간된『한국종교연감』에 따르면 불교 성직자는 2만 5,598명에 불과했다. 당시 대한민국 인구는 4,461만 명이었고, 고려시대는 400만 명 정도였으므로, 고려시대 인구는 1995년의 10분의 1에도 미치지 못했다. 그럼에도 스님은 6배 가까이인 15만 명이었다. 5,000만 인구가 넘는 2019년 현재 상황을 고려시대 스님 비율로 계산해보면 스님 수가 187만 5,000명이라는 계산이 나온다. 실로 어마어마한 규모다. 사찰 역시 마찬가지였다. 『한국종교연감』에 따르면 1995년 사찰은 1만 2,000여 개로 고려의 1만 3,000여 개보다 오히려 적었다.

고려시대는 스님과 절의 수가 어마어마했던 명실상부한 불교시대였다. 문제는 그토록 많은 스님들이 군역에서 면제됐다는 사실이다. 사찰 소속 경작지 역시 면세지였다. 스님과 사찰 소속 경작지의 규모가 워낙 막대하니 국방력이 약화됐고 국가재정도 악화됐다. 게다가 고려 말 불교계에는 부정과 부패가 만연했다. 불교 자체를 위해서뿐만 아니라 국가와 사회를 위해서도 불교개혁이 시급했다.

주자학 대 불교신앙

위화도 회군 이후 정도전 등 신진사대부는 대대적인 개혁을 추진했다. 당시 상황에서 가장 시급한 일은 국방력 강화와 국가재정 확보였다. 고려가 농업사회였기에 국방력 강화는 근본적으로 농민 장정에, 국가재정 확보는 농민 경작지에 달려 있었다. 하지만 농민 장정을 갑자기 늘리는 것도, 경작지를 갑자기 확대하는 것도 어려운 일이었다. 이에 정도전 등은 사전 혁파와 더불어 불교개혁을 통해 국방력을 강화하고 국가재정도 확보하고자 했다.

단순히 계산하면, 고려 말 총 1만 3,000여 개 사찰이 소유한 20만여 결의 토지와 10만여 명의 노비, 그리고 15만여 명의 스님을 국가에서 몰수한다면 국가재정 확충과 국방력 강화는 쉽게 이룰 수 있었다. 예컨대 사찰 노비 10만 명과 스님 15만 명 중에서 젊은이들을 선발해 군대를 편성한다면 몇만 병력을 너끈히 충원할 수 있었다. 또한 20만여 결의 토지를 몰수해 세금을 거두면 수십만 석의 군량을 확보할 수 있었다.

그런데 고려시대 불교신앙은 근본적으로 태조 왕건을 비롯한 고려왕실의 불교신앙에 근거했다. 비보사찰을 창건하고 그 사찰에 토지와 노비를 지급한 주체는 고려왕실이었다. 고려왕실을 따라 고관대작과 일반 백성들도 사찰을 세우고 토지와 노비를 시주했다.

고려불교는 왕실불교이자 민간불교라는 이중성을 가졌다. 왕실불교는 왕실의 지원을 받는다는 의미와 더불어 국가의 종교라는 의미를 가졌다. 고려 백성들의 불교신앙 역시 매우 독실해 민간 차원의 시주도 어마어마했다. 이런 상황에서 신진사대부들이 추진할 수 있는 불교개혁은 두 가지였다. 첫째는 국가 지원을 받는 비보사찰을 대상으로 하는 불교개혁이고, 두 번째는 민간 시주로 운영되는 일반 사찰을 대상으로 하는 불교개혁이었다.

그런데 불교개혁은 궁극적으로 불교신앙과의 대결이 될

수밖에 없었다. 비보사찰을 개혁하려면 근본적으로 왕실의 불교신앙과 대결해야만 했고, 일반 사찰을 개혁하려면 민간의 불교신앙과 대결해야만 했기 때문이다. 불교개혁을 추진하려면 그 무엇보다도 새로운 이념과 가치관이 절실히 필요했다. 그 이념과 가치관으로 왕실과 민간의 불교신앙을 바꾸는 것이 궁극적인 불교개혁이었다. 이런 면에서 고려 말 불교개혁은 새로운 가치관과 새로운 이념으로 새로운 왕실, 새로운 백성을 만드는 일이기도 했다.

창왕은 즉위 직후 이성계 일파의 압력으로 권문세족의 토지겸병에 대한 해결책을 제시하라 명령했다. 그런데 당시 창왕의 명령 중에는 불교개혁에 관한 내용도 있었다. "요물고料物庫에 소속된 360개 장莊과 처處 토지 가운데 선대왕이 사찰에 시납한 것은 모두 요물고로 환수하라"는 명령이 그것이었다.

이성계의 핵심 참모인 정도전, 조준, 조인옥 등은 새로운 이념과 가치관 즉, 주자학으로 무장한 지식인들이었다. 그들은 주자학 이념과 가치관으로 왕실의 불교신앙과 민간의 불교신앙을 변화시키고자 했다. 그 첫 번째 시도가 창왕의 명령 중 하나인 요물고 토지 환수였다. 고려시대 요물고란 왕실 사람들의 일상생활에 필요한 물품을 공급하는 창고였다. 왕실에는 왕과 왕비를 비롯해 대비, 후궁, 왕녀, 왕자 들이 있었다. 그들이 일상생활을 하는 데 필요한 물품을 마련하기 위해 전국에 360여 개 농장이 설치됐는데 그것이 바로 360여 개 장과 처였다. 장과 처는 각각이 거대한 농장이었으며 그 농장에는 수많은 노비가 있었다.

조선시대의 경우 왕실 사람들의 일상생활에 필요한 물품을 마련하기 위해 내수사라고 하는 관청을 두었다. 내수사는 수천 결의 토지와 수만 명의 노비를 소유했다. 내수사 토지에 대한 처분권은 원천적으로 왕에게 있었다. 고려시대의 요물고 토지에 대한 처분권도 왕이 가졌다. 고려시대 왕들은 태조왕건 이래 독실한 불자였기에 틈나는 대로 토지와 노비를 시주했다. 그렇게 시주한 토지 중에 요물고 토지가 많았는데, 그것을 환수한다는 것이 창왕의 명령이었다. 그 명령으로 실제환수된 요물고 토지가 얼마나 되는지는 확실하지 않다. 하지만 줄잡아 수천 결 토지가 환수됐을 것으로 짐작된다.

그런데 환수된 규모보다 중요한 사실은 환수했다는 사실 그 자체였다. 그것도 왕실에서 환수했다는 사실이었다. 비보사찰에 시주했던 토지를 환수한다는 것은 왕실의 불교신앙이 사라졌음을 상징했기 때문이다. 창왕은 선대왕이 시주한 토지를 환수하게 함으로써 고려왕실이 불교신앙에서 벗어났음을 천명하고자 했던 것이다. 물론 창왕 스스로의 판단으로 그렇게 한 것이 아니라 정도전 등 신진사대부의 압력이 있어서였다.

정도전은 먼저 창왕으로 하여금 요물고 토지를 환수하게 한 후, 다음 단계로 비보사찰 수조지와 공노비를 환수하려 했을 것이다. 당시 상황에서 국가재정 확충이나 국방력 강화에 도움이 되려면 그 정도는 환수할 필요가 있었다. 그래서 창왕 즉위년(1388) 12월에 조인옥은 상소문을 올려 비보사찰의 수조지 세금을 국가기관이 걷게 하자고 제안했는데, 이는 수조권 환수의 전 단계였다.

일부 신진사대부는 여기서 더 나아가 민간의 불교신앙까지 부정하고 일반 사찰 사유지와 사노비도 환수해야 한다고 주장했다. 대표적인 인물이 성균박사 김초였다. 그는 공양왕 3년(1391) 5월 상소문을 올려 불교의 비보설이나 천당지옥설을 허무맹랑한 사기라 주장하면서 모든 사찰의 토지와 노비를 몰수해 국용으로 전용하고, 스님들과 노비들도 환속하거나 군대에 보내야 한다고 주장했다. 그런데 『고려사절요高麗史節要』에 의하면 이 상소문을 본 공양왕은 불열不悅, 즉 기분 나빠 했다고 한다. 공양왕은 불심이 깊었던 것이다. 그 이전 왕인 창왕 역시 불심이 깊었다. 그럼에도 창왕이 요물고 토지를 환수하라 명령한 것은 이성계 일파의 압력 때문이었다.

하지만 불교개혁은 기대만큼 성공적이지 못했다. 이성계가 불교개혁에 있어 사전혁파만큼 적극적이지 않았기 때문이다. 이성계의 불교신앙이 너무 강했고 새로운 이념과 가치관이 미약했다. 이성계의 경처 강씨 또한 독실한 불교신자였다. 위화도 회군 직후 이성계와 강씨의 불교신앙은 "금강산 비로봉 사리 안유기安遊記"라는 명문을 통해서도 확인된다. 명문에 의하면 이성계와 경처 강씨는 1390년과 1391년 두 차례에 걸쳐 사리 장엄구를 만들었다. 이때는 위화도 회군이 일어난 지 2~3년이 지난 후였고, 조선이 건국되기 1~2년 전이었다.

그때 제작된 사리 장엄구 명문 중에는 "석가모니께서 입멸하신 때로부터 2,400여 년이 지난 대명大明 홍무 24년(1391) 신미 5월 모일에, 월암月菴 스님이 지금의 시중 이성계 등과 함께 발원하여 (사리를) 금강산에 묻어뒀다가, 미륵께서 세상에 나올 때를 기다려 사람들에게 받들어 보임으로써 진정한 교화를 돕고 불도를 함께 이루고자 했다"라는 내용이 있다. 이에 의하면 이성계 등이 금강산 비로봉에 사리를 모신 이유는 미륵이 출현했을 때 공양물로 바치기 위해서였다. 미륵은 석가모니 부처님 다음에 오실 미래불로 먼 훗날 인간 세계로 내려와 용화수 밑에서 깨달음을 얻고 3회 설법을 통해 중생을 구제한다고 믿어지는 부처님이다.

한국사에서 미륵불은 현실 세계의 절망이 깊을 때 유행하곤 했다. 후삼국시대에 미륵불을 자처한 궁예가 대표적인 예다. 고려 말 홍건적과 왜구로 인해 고통을 받던 우리 조상들역시 미륵불에게서 희망을 찾았다. 미륵 신자들은 언제 오실지 모르는 미륵이 오시는 그때 구원받으려면 미륵의 3회 설법에 참여해야 한다고 믿었다. 당연히 설법에 참여할 때는 자신들의 정성을 표시할 만한 공양물 예컨대 향, 옥, 사리 등이필요하다고 믿었다. 다만 미륵이 언제 오실지 기약이 없기에미리 준비한 공양물을 오래도록 안전하게 보관할 수 있는 장소가 필요했다. 그래서 금강산 비로봉처럼 신비롭고 외진 곳이 보관처로 선호되곤 했다.

　　이성계의 불교신앙이 미륵의 3회 설법에 참여할 때 바치기 위한 공양물과 연관됐다면 이성계는 가능한 더 영험한 사리를 원했으리라 짐작할 수 있다. 아마도 이성계는 위화도 회군 이후 권력을 이용해 영험하다고 소문난 사리들을 열성적으로 수집했을 듯하다. 이렇게 수집한 사리를 석함에 담아 금강산 비로봉에 봉안했던 것인데, 이런 상황에서 이성계와 강씨가 진정으로 불교개혁을 추진하는 것은 불가능했다. 그 결과 위화도 회군 이후 사전혁파는 적극적으로 추진됐지만 불교개혁은 그렇지 못했다.

태종의
정일집중精一執中

태조 7년(1398) 8월 26일 밤 제1차 왕자의 난이 일어났다. 이 난으로 태조 이성계는 태상왕으로 밀려나고 정안군 이방원이 권력을 잡았다. 실권자가 된 정안군은 둘째 형을 왕으로 세우고 자신은 세자가 됐다. 그로부터 2년 후 이방원은 왕위에 올랐는데, 그가 태종이었다.

태종은 한국사 전체를 통틀어 특이한 이력을 갖고 있다. 한국 역사에서 왕이 등장한 이래 과거시험에 응시해 합격한 왕은 태종이 유일무이하다. 사실 한국사에 등장했던 왕들 중에는 과거시험 1차에도 떨어질 만한 사람이 적지 않았다. 왕은 혁명이나 세습을 통해 즉위했기에 과거시험을 볼 기회 자체가 없었지만, 만약 보았다면 떨어졌을 왕도 적지 않았을 것이다.

반면 태종은 과거시험에 정식으로 응시해 당당하게 합격한 유일한 왕이었다. 우왕 9년(1383)에 우현보와 이인민의 주관하에 개최된 과거시험에서 33명이 선발됐는데, 이방원은 10등으로 합격했다. 당시 이방원은 17세였고 진사 자격으로 과거에 응시해 합격했다. 태종이 과거시험을 준비할 때 공부한 것은 주자학이었다. 주자학으로 진사시험은 물론 최종 시험에도 합격했다. 과거시험을 준비하면서 어울린 사람들 역시 이숭인 같은 신진사대부였다. 이런 사실로 보아 고려 말태종은 신진사대부의 일원이었다고 여겨진다.

태종은 17세에 과거에 합격한 후 혁명가로서의 인생을 살았다. 태종은 젊어서부터 유교 제왕학에 큰 관심을 기울였는데, 그 결과 유교 제왕학의 핵심이 '정일집중精一執中'이라고 확신하게 됐다. 정일집중이란 요임금이 순임금에게 전했다는 제왕학의 비결이다. 아득한 옛날 중국에 위대한 왕이 있었다. 그는 요임금이었다. 요가 임금 자리에 오르고 긴 세월이 흘렀다. 나이가 너무 많아진 요임금은 후계자를 찾았다. 그에게는 단주丹朱라는 아들이 있었지만 왕의 재목은 아니라고 판단했다. 후계자를 물색하던 중 요 임금은 순舜 이야기를 들었다.

순은 고수瞽叟라는 사람의 아들이었다. 고수의 사람됨은 그 이름에서 그대로 드러난다. '고'는 소경, '수'는 노인이라는 뜻이다. 고수는 '눈먼 노인'이었다. 육체적인 눈이 먼 노인이 아니라 마음의 눈이 먼 노인이었다.

고수의 첫 부인은 순을 낳은 후 세상을 떠났다. 그러자 고수는 부인을 다시 얻었는데, 그만 후처에게 빠져들었다. 후처는 상象이라고 하는 아들을 낳은 후 그에게 가문과 재산을 물려주고자 했다. 후처는 아들 상과 공모해 순을 모함했고 죽이려고도 했다. 순에게 지붕을 고치게 하고 그가 지붕에 올라가자 사다리를 치운 후 불을 질렀다. 우물을 파게 하고, 그가 땅을 파고 들어가자 위에서 흙을 덮어버렸다. 순이 나이가 들어도 혼인을 시키지 않았다. 마음의 눈이 먼 고수는 후처에게 빠져 후처가 하자는 대로 할 뿐이었다.

효자였던 순은 아버지가 후처에게 눈이 멀어 제 자식을 죽였다는 오명을 남길 수는 없었다. 지붕에 올라갔던 순은 만약을 대비해 따로 사다리를 준비했다가 도망쳤다. 땅을 팔 때는 옆으로 비상 통로를 파놓았다가 탈출했다. 아버지 몰래 혼인을 해 대를 이을 자식도 낳았다. 겉으로는 아버지의 뜻에 어긋나고 아버지를 속이는 행동이었지만 궁극적으로는 아버지의 명예를 위하는 일이었다.

하지만 일련의 있을 수 없는 비극 앞에서 순은 통곡했다. 벌판으로 달려가 하늘을 우러러 통곡했다. 그러나 아버지의 허물을 묻지도 하늘을 원망하지도 않았다. 아버지의 사랑과 신임을 얻지 못한 스스로를 탓할 뿐이었다. 순은 변함없이 부모에게 효도했다. 그런 순의 효심에 사람들은 감탄했다. 그 소문이 퍼지고 퍼져 요임금에게까지 들어갔다.

요임금은 순을 시험하기 위해 딸 둘을 시집보냈다. 두 딸 모두 순에게 심복했다. 이 정도의 인물이면 제왕의 재목이 아닌가? 요임금은 순에게 임금 자리를 물려줬다. 그때 제왕학의 비결도 함께 전수했다. "인심유위人心唯危 도심유미道心唯微 유정유일唯精唯一 윤집궐중允執厥中"이 바로 요임금이 순임금에게 전한 제왕학의 비결이다. '정일집중'이란 '유정유일 윤집궐중'을 줄인 말이다.

'인심유위'란 사람의 마음은 갈대처럼 위태위태하다는 뜻이다. 희로애락의 감정에 휘둘리는 사람 마음을 바람에 휘청대는 갈대에 비유한 것이 인심유위라 할 수 있다. 한편 '도심유미'란 감정을 넘어 '도의 마음', 즉 '내 안의 이성'을 찾으려 해도 잘 찾아지지 않는다는 의미다. '유정유일'은 위태위태한 마음을 잘 살펴서 위태함에 빠지지 않는 것이고, '윤집궐중'은 잘 찾아지지 않는 내 안의 이성을 찾아 꽉 붙잡는 것이다.

그렇게 하면 곧 나 스스로의 중심이 세워지고, 세상 사람들의 기준도 될 수 있다. 그것이 '건중건극建中建極'이다. 이처럼 내 안의 이성을 찾아 중심을 잡고 세상의 기준까지도 될 수 있는 마음공부, 즉 정일집중이 바로 유교 제왕학의 핵심이다.

태종은 이 같은 유교 제왕학을 바탕으로 실천하는 삶을 살았다. 태종은 25세가 되던 공양왕 3년(1391)에 어머니 한씨의 상을 당하자 무덤에 여막을 짓고 3년상을 치르고자 했다. 불교가 횡행하던 당시 시묘살이는 주자학자 중에서도 극히 일부만 실천하던 유교 의례였다. 예컨대 정몽주나 정도전 같은 신진사대부들이 시묘살이를 실천했다. 그들은 불교를 믿지 않았고 불교개혁을 주장했던 사람들이다.

당시 불교개혁을 주장했던 사람들은 많았지만 대부분 입으로만 부르짖을 뿐 실천과는 거리가 멀었다. 사람들 앞에서는 불교개혁이 필요하다 역설했지만 사람들 없는 곳에서는 몰래 불공을 드리거나 시주를 드리곤 했다. 근본적으로 불교신앙이 남아 있었고 동시에 불교신앙을 대체할 다른 확신이 약했다. 반면 사전혁파를 주도한 일파는 입으로 불교개혁을 주장하면서 몸으로 유교 의례를 실천했다. 그들이야말로 불교신앙을 대체할 주자학에 대한 확신이 굳건한 사람들이었다.

25세의 젊은 이방원이 어머니 장례 때 당시 유행하던 불교 상장례 대신 유교의 시묘살이를 몸소 실천했다는 것은 중요한 사실을 알려준다. 젊은 시절부터 이방원은 부모와 형제의 눈치를 보지 않고 자기 확신대로 실천했다는 사실이다. 공양왕 3년 어머니 한씨의 상이 났을 때, 장례를 주관해야 하는 사람은 당연히 남편 이성계와 큰아들 이방우였다. 시묘살이 역시 큰아들인 이방우가 하는 것이 유교 명분에도 맞았다. 하지만 큰아들 이방우는 시묘살이를 하지 않았다. 둘째 형, 셋째 형, 넷째 형도 하지 않았다. 다섯째인 이방원 혼자서만 시묘살이를 했다.

당시 이성계와 경처 강씨는 미륵신앙에 깊이 빠져 있었다. 당연히 이성계와 경처 강씨는 한씨의 장례를 불교식으로 치르고자 했다. 이방원을 제외한 모든 자녀들도 이성계와 경처 강씨에게 동조했다. 그들 역시 불교신앙이 독실했기 때문이었다. 그런 상황에서 이방원은 자기 확신대로 시묘살이를 강행했다. 분명 이방원의 시묘살이는 가족들로부터 환영받지 못했을 것이다. 그럼에도 시묘살이를 강행한 이유는 주자학에 대한 강한 확신이 있어서였다.

태종은 성년이 되면서부터 아버지에게 무조건적으로 복종하지 않았다. 특히 정치적인 문제에서는 아버지에게 저항하곤 했다. 예컨대 정몽주를 살해한 후 태종은 아버지로부터

"네게 공부를 시킨 것은 충성하고 효도하라고 한 것인데, 네가 감히 이렇게 불효한 짓을 한단 말인가?"라는 질책을 들었다. 그때 태종은 "정몽주가 우리 집안을 모함하는데, 왜 가만히 앉아서 망하기를 기다려야 한단 말입니까? 정몽주를 죽인 것은 곧 효도입니다"라고 항변했다. 가문을 살리기 위해 정몽주를 죽인 것은 효도에 어긋나지 않는다는 확신을 가졌던 것이다.

제1차 왕자의 난 때도 마찬가지였다. 태종은 난을 성공시킨 후 아버지에게 올린 상소문에서 "적장자를 세자로 세우는 것은 만세의 법도인데, 전하께서 적장자를 버리고 유자(幼子, 어린 자식)를 세웠으며, 정도전 등이 세자를 감싸고서 여러 왕자들을 해치고자" 하므로 이런 사태가 발생했다고 항변했다. 요컨대 이성계가 방석을 세자로 삼은 것은 계모 강씨에게 눈이 멀어 한 잘못된 결정이었고, 자신의 저항은 그 잘못된 결정을 바로잡으려는 행동이므로 절대 불효가 아니라는 주장이었다. 이와 같은 태종의 과감한 결행은 궁극적으로 유교 제왕학에 대한 투철한 확신이 있었기에 가능했다. 이런 태종이 왕이 되면서 불교개혁은 급물살을 타기 시작했다.

아버지 이성계의
반대

태종대의 불교개혁은 동왕 2년(1402) 4월, 서운관 상소문으로
촉발됐다. 서운관은 비보사찰이 국가에 아무 도움이 되지 않
으니 태조 왕건이 창건한 70개 사찰을 제외한 나머지를 모
두 없애고 토지와 노비는 몰수하자 제안했다. 그것은 불교계
를 죽이자는 제안이나 다름없었다. 당시 3,000개로 추산되
던 비보사찰 중에서 70개만 제외하자고 했는데 이는 비보사
찰 전부를 없애자는 주장과 다르지 않았다. 그 주장대로 하면
3,000개 비보사찰에 소속된 10만여 결의 수조지, 5만여 명
의 공노비에 더해 소유지와 사노비도 국가재정으로 전용될
수 있었다. 그렇게 되면 국가재정은 매우 튼튼해지겠지만 불

교는 크나큰 타격을 입을 것이 분명했다.

태종은 이 상소문을 긍정적으로 평가하고 의정부에 내려 논의하게 했다. 하지만 의정부에서는 너무 과격하다 판단했던 듯하다. 불교개혁도 좋지만 아직 민간의 불교신앙이 강력한 상황에서 너무 급격하게 개혁을 밀어붙이다가는 역풍을 맞을 수 있었다. 의정부에서는 완화된 대안을 제시했다. 70개 이외에 100명 이상의 상주 스님이 있는 사찰도 존속시키자는 제안이었다. 거대 사찰을 함부로 폐지하려다가 큰 반발을 살까 우려해 이렇게 제안했을 것이다.

태종은 의정부의 제안이 합리적이라 판단하고 그렇게 추진하기로 했다. 이에 따라 태조 왕건이 창건한 70개 비보사찰 그리고 상주 스님 100명 이상의 거대 사찰을 제외한 모든 비보사찰이 청산 대상에 들었다. 그 수를 모두 합치면 2,800개 내외가 될 것으로 추산됐다.

뒤이어 6월에는 예조에서 상소문을 올려 나이 젊은 남자 스님과 여자 스님은 모두 환속시키자 제안했다. 또한 부녀자의 사찰 출입도 엄하게 금지하자고 제안했다. 이는 살아남은 비보사찰은 물론 1만여 일반 사찰에도 타격을 주기 위한 제안이었다. 당시 불교신앙의 주류 신자는 아무래도 남성보다는 여성이었다. 그 여성들을 절에 출입하지 못하게 하면 절

입장에서는 독실한 신도들이 사라지는 셈이었다. 게다가 젊은 남자 스님과 여자 스님까지 환속시킨다면 모든 사찰이 조만간 껍데기만 남을 것이 불 보듯 뻔했다. 이런 상황에서 불교계는 태종의 불교개혁을 저지하기 위해 총력을 기울였다. 그 방법은 태상왕 이성계를 이용하는 것이었다. 당시 이성계는 회암사에 머물렀는데, 회암사에는 이성계가 존경하는 무학 대사가 있었다.

태종 2년 7월부터 이성계는 단식을 시작했다. 보름쯤 지나자 얼굴은 수척해졌고 건강도 악화됐다. 소식을 들은 태종은 부랴부랴 회암사로 달려갔다. 만에 하나 이성계가 단식하다 사망한다면 자신은 아버지를 굶어 죽게 만든 불효자가 될 것이었다. 실록에 의하면 태종은 이성계를 만나기 직전 환관을 시켜 무학 대사에게 말을 전했다고 한다. 그 말은 "내가 태상전께 잔치를 열어드리고자 하는데 만약 태상왕께서 고기를 드시지 않는다면 장차 대사에게 허물을 돌리겠다"라는 것이었다. 태종은 이성계의 단식을 무학 대사가 사주했다고 판단한 듯하다.

당시 태종은 비보사찰 토지와 노비의 환수, 젊은 남자 스님과 여자 스님의 환속, 부녀자들의 사찰 출입 금지 등 불교개혁을 본격적으로 추진하고 있었다. 이것을 저지하기 위해 무학 대사가 이성계를 단식하게 만들었다는 의심은 충분히 가능했다. 태종은 무학 대사에게 본인이 단식하게 만들었으니 책임지고 취소하게 만들라 압박했을 것이다. 허물을 돌리겠다는 말은 실패하면 죽이겠다는 협박이었다.

그것은 단순한 협박이 아니었다. 무학 대사는 실제로 죽음의 공포를 느낀 듯하다. 태종의 전갈을 받은 무학 대사는 이성계를 찾아가 "상께서 고기를 드시지 않아 안색이 파리하고 야위어지십니다. 우리들은 오로지 상께서 부처를 좋아하시는 은혜를 입어서 미천한 생을 편안히 지내는데, 지금 상의 안색이 파리하고 야위신 것을 보니, 우리들의 생이 오래지 않을 듯합니다"라고 하소연했다. '우리들의 생이 오래지 않을 듯합니다'라는 말은 태종에게 곧 죽임을 당할 것 같다는 뜻이었다. 무학 대사의 언급으로 볼 때, 당시 이성계는 죽음을 각오하고 단식한 듯하다. 그런 단식을 그치게 하려면 애걸하는 수밖에 없었을 것이다.

무학 대사의 하소연에 이성계는 "왕이 나처럼 부처를 숭상한다면 내가 당연히 고기를 먹겠다"라고 대꾸했다. 이러한 대답으로 보아 이성계의 단식은 태종의 불교개혁 때문임이 분명하다. 그 뒤 대화가 더 이상 기록돼 있지 않아 단정할 수는 없지만, 이성계와 무학 대사는 서로 타협했을 것으로 보인다. 즉 태종의 불교개혁을 취소시킨다는 조건으로 이성계가 단식을 중지하기로 했을 것이다. 이성계가 단식을 한 본래의 의도가 그것이기도 했다.

태종은 무학 대사로부터 불교개혁을 중지하면 단식을 그만두겠다는 이성계의 뜻을 전해 들었을 것이다. 선택은 태종의 몫이었다. 이성계의 단식을 멈추기 위해 불교개혁을 중지하든가, 이성계의 단식과 관계없이 불교개혁을 추진하든가 둘 중 하나였다. 태종을 만난 이성계는 "무학 대사가 말하기를 '술 마시고 고기 먹으면 후생에 반드시 머리 없는 벌레가 된다'라고 하기에, 내가 고기를 먹지 않는다"라고 말했다. 이런 말을 하는 이유는 단식에 대한 변명이기도 하고 단식을 끊으려면 그에 상응하는 조치가 있어야 한다는 암시이기도 했다. 즉 불교개혁을 중단하지 않으면 계속 단식하겠다는 협박이었다.

이틀 동안 고민을 거듭한 태종은 다시 이성계를 만났다. 태종은 이성계에게 고기를 권하면서 이렇게 말했다. "신이 예전 사람의 글을 보고 경연관의 말을 들어보니 '70세에는 고기가 아니면 배부르지 않다' 하였는데, 지금 부왕께서 왕사의 말을 들으시고 고기를 끊으시어 안색이 평일과 같지 않으시니 신이 어찌 슬프지 않겠습니까?" 그러자 이성계가 "내가 왕사에게 말하기를 '내가 대사를 좇은 지 7년이나 되었는데 어째서 한마디 말로 나를 가르침이 없는가?' 하니, 왕사가 말하기를 '왕께서 지금부터 술과 고기를 끊으소서' 하였다. 내가 이를 행하고자 하나 술은 병이 있으니 끊을 수 없고 다만 고기만 먹지 않는 것이다'라고 말했다.

뒤이어 이성계는 "네가 만일 불법을 신앙하여 비록 『도선밀기道詵密記』에 수록되지 않은 사찰이라고 해도 그 토지를 모두 환급하고, 또 남자 스님과 여자 스님의 도첩을 조사하지 않으며, 부녀자들의 사찰 출입을 금하지 않고, 또 불상과 탑을 세워 내 뜻을 계승한다면 내가 비록 파계하더라도 대사의 가르침에 부끄러움이 없을 것이다. 대개 불법은 고려 때에도 오히려 폐하지 아니하고 오늘에 이르렀으니, 마땅히 관리들이 헐지 못하게 해야 한다"라고 노골적으로 요구했다. 이 요구에는 이성계의 단식 이유가 함축되어 있다.

이성계는 '네가 만일 불법을 신앙하여'라고 했는데 이는 불교를 믿으라는 강요였다. 또한 '『도선밀기』에 수록되지 않은 사찰이라고 해도 그 토지를 모두 환급하고'라고 했는데, 이는 태조 왕건이 창건한 70개의 비보사찰 그리고 상주 스님 100명 이상의 거대 사찰을 제외한 모든 비보사찰의 토지를 몰수하려는 시도를 중지하라는 요구였다. 이외에도 부녀자들의 사찰 출입 금지, 불상과 탑 철거 등 태종이 추진하던 모든 불교개혁을 중지하라고 요구했다. 결국 불교를 탄압하지 말라는 요구를 들어주지 않으면 단식하다 죽겠다는 뜻이었다.

이에 태종은 "신이 죽는 것도 감히 사양치 못하거늘, 하물며 이 일이겠습니까?"라고 대답하고는 곧 승지에게 태상왕의 말씀대로 시행하라 명령했다. 그러자 이성계는 "왕의 정성이 이와 같고, 대소신료大小臣僚들이 또한 모두 간청하니, 내 감히 좇지 않겠는가?" 하고는 고기를 들었다. 결국 태종이 이성계의 단식에 굴복함으로써 불교개혁은 실패로 돌아가는 것처럼 보였다.

그러나 태종은 진정으로 불교개혁을 포기한 것이 아니었다. 당장 이성계의 단식을 중지시키기 위해 당분간 숨고르기를 했을 뿐이었다. 당시 이성계는 66세로 내일을 장담할 수 없는 노인이었다. 그런 노인이 목숨 걸고 단식하며 불교개혁을 반대하는데, 인정 없이 거절해 만에 하나라도 원한을 품고 죽는다면 어떻게 되겠는가? 우선 부왕 이성계의 체면과 목숨을 살리기 위해 불교개혁을 멈췄다가 적당한 시점에서 다시 시작하면 될 일이었다. 이러한 생각에서 태종은 흔쾌히 이 보 전진을 위한 일 보 후퇴를 선택했던 것이다.

계속
나아가는 힘

태종이 일시적으로 불교개혁을 중지하고 얼마 지나지 않아 기회는 자연스레 찾아왔다. 태종 5년(1405) 11월, 왕은 개경에서 한양으로 도읍을 옮겼다. 한양 분위기는 개경과는 판이했다. 고려왕조 500년의 도읍지 개경에는 약 300개의 사찰이 있었다. 당연히 개경 시민들은 열렬한 불교신도였다. 그런 개경에서 불교개혁을 추진하기란 매우 어려웠다. 하지만 한양은 전혀 그렇지 않았다. 한양에는 절도 별로 없었고, 시민들의 불교신앙도 개경만큼 강하지 않았다. 불교개혁을 밀어붙이기 좋은 환경이었다.

　태종이 개경에서 한양으로 도읍을 옮긴 지 보름도 채 되

지 않아 의정부에서 상소문을 올려 불교개혁을 요구했다. 그
것은 일반 관료들의 요구와 차원이 달랐다. 의정부는 양반 관
료의 대표였기에 그들의 요구는 곧 양반 관료 전체의 요구와
같았다. 당시 영의정은 태종의 핵심 측근인 하륜이었다. 하륜
역시 고려 말부터 불교개혁을 추진하던 신진사대부였다. 하
륜은 이제 때가 무르익었다고 판단해 태종과 사전 협의하에
불교개혁을 요구하는 상소문을 올렸을 것이다. 의정부의 불
교개혁안은 기왕의 서운관과 사간원 안보다 훨씬 포괄적이며
점진적이었지만 그만큼 현실적이었다. 우선 비보사찰뿐만 아
니라 일반 사찰도 대상으로 했다. 그러므로 의정부의 개혁안
은 불교 전반에 대한 개혁안이라 할 수 있었다.

먼저 3,000개 비보사찰에 대해서는 종파별, 지역별로 안
배해 통폐합할 것을 제안했다. 그렇게 하면 비보사찰의 반발
과 지역의 반발을 최소화할 수 있다 판단했기 때문일 것이다.
다음으로 1만여 일반 사찰에 대해 군현을 단위로 대표적인
지방 사찰을 하나씩 선정해 재정지원을 하자고 제안했다. 당
시 조선 군현이 200여 개였으므로 그 정도의 지방 사찰을 선
정해 재정지원을 함으로써 일반 사찰의 저항을 최소화하려는
의도였다.

태종은 이 같은 개혁안을 전폭적으로 수용했다. 이제 더

이상 상왕 이성계의 눈치도 보지 않았다. 이성계 역시 더 이상 반대하지 않았다. 이미 한 차례 목숨 걸고 단식함으로써 자신의 뜻을 충분히 보였기 때문이다. 이성계는 단식해도 태종이 수용하지 않으리라 예상하고 포기했던 것으로 보인다.

태종은 의정부의 불교개혁안과 더불어 흥천사, 회암사 등 조선왕실의 원당 15개를 추가하도록 했다. 이에 따라 의정부에서는 3,000개의 비보사찰과 1만여 개의 일반 사찰 그리고 조선왕실 원당 15개를 대상으로 재정지원 대상 사찰 선정에 착수했다. 작업이 진행되는 동안 불교계는 격렬하게 저항했다. 의정부 개혁안대로라면 불교계는 사망선고를 받은 것이나 같았기 때문이다. 실록에 의하면 스님들이 날마다 의정부에 찾아와 작업을 취소하라 요구했다고 한다. 그때 영의정 하륜은 일체 답하지 않았다고 한다. 무시 전략으로 대응한 것이라 할 수 있다. 그러자 조계사의 스님 성민이 수백 명을 거느리고 와서 신문고를 치는 일까지 벌어졌다. 하지만 태종은 끝내 뜻을 굽히지 않았다.

선정 작업은 태종의 강력한 의지 덕에 차질 없이 추진됐다. 그 결과는 태종 6년(1406) 3월 27일에 발표됐다. 당시 재정지원 대상에 선정된 사찰은 총 242개였다. 기왕의 재정지원 대상이던 비보사찰이 3,000개였던 것에 비하면 90퍼센트 이상

축소된 규모였다. 지원 대상 242개 가운데 조선왕실 원당이 15개, 기존의 비보사찰이 18개, 일반 사찰이 209개였다.

조선왕실 원당과 기왕의 비보사찰을 합하면 33개가 되는데 이는 33천(도리천)에서 연유된 것으로 짐작된다. 33천은 수미산 정상에 있다고 하는 하늘나라로 이곳의 제석천이 지상도 다스린다고 하는데, 33천은 온 세상을 의미하기도 한다. 이런 면에서 본다면 조선왕실 원당 15개와 기왕의 비보사찰 18개를 합한 33개의 사찰에 재정지원을 함으로써 국태민안을 기원했다고 짐작할 수 있다.

재정지원은 사찰 규모에 따라 차등을 뒀다. 토지의 경우 최대 200결부터 최소 20결까지 차등 지급했고, 노비는 최대 100명에서 최소 10명까지 차등 지급했다. 이 결과 242개의 사찰에 지원된 토지는 약 1만 결, 노비는 약 5,000명이었다. 이는 기왕의 3,000개 비보사찰에 지급된 토지 10만여 결, 노비 5만여 명에 비해 10분의 1 수준이었다. 나머지 10분의 9, 즉 토지 9만 결, 노비 4만 5,000명은 몰수됐다. 스님의 경우 약 1만 명만 인정되고 나머지 4만 명은 환속됐다. 불교 사찰에 있던 토지와 노비가 몰수된 만큼 국가재정이 충실해졌다.

3,000개 비보사찰에는 사유지와 사노비도 적지 않았다. 재정지원 대상에서 탈락된 비보사찰은 폐허화됐고, 그 결과

임자 없는 사유지와 사노비가 속출했다. 그런 사유지와 사노비도 모두 몰수했다. 이렇게 해서 태종대에 몰수한 비보사찰의 노비는 대략 8만 명에 이르렀다. 태종대에 재정지원 대상으로 선정된 18개를 제외한 나머지 비보사찰은 대부분 파산했고 그만큼 불교는 위축됐다.

또한 태종은 부녀자의 사찰 출입 금지, 도첩제의 강화를 추진함으로써 일반 사찰에도 크나큰 타격을 입혔다. 태종의 불교개혁은 후계 왕들에게 계승되어 조선시대 내내 불교개혁이 추진됐다. 그 결과 일반 사찰도 대부분 폐허화되는 운명을 맞았다. 비보사찰이 거의 사라지고 뒤이어 일반 사찰 역시 대거 사라지면서 조선은 명실상부 주자학의 나라로 탈바꿈할 수 있었다.

조선 후기에는 전체 사찰의 수가 약 1,500개밖에 되지 않았다. 고려시대에 1만 3,000여 개였던 것에 비하면 겨우 10분의 1 정도만 남은 상황이었다. 그만큼 백성들의 불교신앙은 약화된 반면 주자학은 보편화됐다.

태종은 한국 역사상 가장 강력한 불교개혁을 펼쳤고, 가장 적극적으로 주자학을 옹호했다. 태종에게는 불교신앙 대신 새로운 이념과 가치관으로 새로운 왕실, 새로운 백성을 만들어야 한다는 강렬한 확신이 있었다. 주변의 어려움에도 굴하지 않고 자신의 의지를 밀고 나가는 강한 실행력도 갖추었다. 덕분에 태종은 불교를 개혁하고 주자학의 나라를 이룩할 수 있었다.

3장

하늘이 준
기회를
움켜잡다

| 세종 이도 |

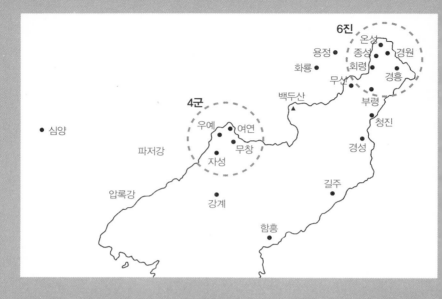

▲ 세종은 압록강과 두만강 지역에 4군 6진을 설치하고 그 이남이 조선의 영토임을 분명히 했다.

천시天時, 지리地利,
인화人和

세종 즉위 후, 상왕 태종의 주도로 대마도 정벌이 진행되는 과정에서 조선 군사력은 남쪽으로 쏠렸다. 그런 상황은 세종 8년(1426) 3포 개항으로 일본과의 관계가 안정될 때까지 10년 가까이 지속됐다. 그 빈틈을 노리고 파저강 여진족은 수차례에 걸쳐 여연을 공격하고 약탈을 일삼았다. 예컨대 세종 즉위년(1418) 9월에는 파저강 오랑캐(여진족을 멸시하여 이르던 말) 40여 명이 여연을 공격해 주민 70여 명과 소 8마리를 약탈했고, 세종 4년(1422) 12월에는 오랑캐 약 400기騎가 여연을 공격하기도 했다.

여연에 대한 여진족의 공격을 근본적으로 막으려면 근거

지인 파저강을 정벌해야 했다. 하지만 파저강은 압록강 너머에 있어서 그쪽으로 출병하면 명나라와 외교 분쟁을 일으킬 소지가 다분했다. 당시는 아직 대마도 정벌 후유증으로 일본과의 관계가 안정되기 전이었다. 이런 상황에서 압록강 너머로의 출병은 일본과 명나라 모두를 적으로 만드는 일이었다. 이에 따라 세종은 일본과의 관계가 안정될 때까지 파저강 여진족에 대한 정벌을 추진하지 않고 방어에 치중했다.

그러다가 세종 8년(1426)에 3포를 개항함으로써 일본과의 관계가 안정기로 접어들자 세종은 기회를 기다렸다. 그러던 차에 세종 14년(1432) 12월 9일, 파저강 여진족 400여 기가 여연에 쳐들어와 26명의 주민과 말 30필, 소 50마리를 약탈하는 사건이 발생했다. 강계 절제사 박초가 추격해 전투가 벌어졌고, 그 와중에 아군 13명이 전사하고 25명이 부상당했다.

이를 보고받은 세종은 크게 분노했다. 세종은 황희, 맹사성, 권진 등 삼정승을 불러 "우리가 그자들을 끝까지 추격하지 못한 것은 중국의 국경을 마음대로 넘어갈 수 없기 때문이니, 이러한 뜻을 갖추어 황제에게 보고하면 어떻겠느냐?"라고 했다. 이 말은 압록강 너머 파저강 여진족의 본거지를 소탕하고 싶다는 뜻이었다. 다만 명나라에 알리지 않고 출병할 경우 외교 분쟁이 우려되므로 미리 알린 후 출병하는 것이 어떻겠느냐는 질문이었다.

세종이 명나라와의 외교 분쟁까지 각오하면서 파저강 여진족을 정벌하려 한 이유는 도발이 위험 수위를 넘었다 판단했기 때문이었다. 이를 그대로 두면 도발 규모도 커지고 도발 횟수도 늘어날 것이 분명했다. 뿐만 아니라 파저강 여진족의 도발이 성공하면 두만강 유역 여진족들도 덩달아 도발할 가능성이 높았다. 그렇게 되면 자칫 평안도와 함경도 전체가 여진족으로부터 약탈당할 우려가 있었기에 파저강 여진족의 근거지를 공격해 소탕하는 수밖에 달리 방법이 없었다.

세종은 즉위 이후 여진족과 왜구를 다루는 데는 특별한 대책이 없고 그저 예의와 신뢰를 바탕으로 한 기미(羈縻, 굴레와 고삐라는 뜻으로, 속박하거나 견제함을 비유적으로 이르는 말)밖에 없다고 생각해왔다. 그랬던 세종이 동왕 14년 12월 파저강 오랑캐가 변경을 노략질하자, 이제는 기미가 아니라 군사 응징이 필요하다 판단했다. 세종은 최윤덕과의 대화에서 파저강 여진족을 정벌해야 하는 이유로 크게 두 가지를 들었다.

첫째, 세종 즉위 후 14년간 조선은 예의와 신뢰로 파저강 오랑캐를 어루만졌는데, 그들은 그 예의와 신뢰를 배신했다. 파저강 오랑캐의 배신은 세종의 기미정책이 실패했다는 뜻이나 마찬가지였다. 그렇다면 세종은 기미정책 외에 다른 대안을 생각해야 했다. 장기간 시행해온 기미정책이 실패했다는 사실에 세종은 크게 좌절하고 분개했다. 세종뿐만 아니라 압록강 유역 조선 백성들도 분개했고, 한양 양반들도 분개했다. 이렇게 조선 사람 모두가 분개했다는 사실은 파저강 오랑캐를 정벌해야 한다는 민심이 형성됐다는 뜻이나 같았다.

둘째, 『맹자』에는 "적국과 외환이 없으면 나라는 항상 망한다"라는 말이 나오는데, 지금 오래도록 편안한 조선을 오래도록 불안한 파저강 오랑캐가 기습한 것은 곧 하늘이 조선을 경계시키기 위해 그렇게 한 것이다. 달리 말하면 하늘이 파저강 오랑캐를 정벌하라 명령했다는 뜻이나 같다. 하늘이 파저강 오랑캐를 조선에 넘겨주기 위해 그들로 하여금 약탈하게 했다는 의미다. 유학자들은 예로부터 "천여불수天與不受 반수기앙反受其殃"이란 말을 써왔는데, 이는 "하늘이 주는데 받지 않으면 도리어 재앙을 받는다"라는 뜻이다. 결국 세종은 민심도 원하고 천심도 원하기에 파저강 오랑캐를 정벌하는 것이 당연하다고 판단했다.

또한 이와 같은 판단은 『손자병법』에 근거한 것이다. 세종은 김종서에게 준 글에서 병법의 요체는 '천시天時, 지리地利, 인화人和' 세 가지에 지나지 않는다고 했다. 즉, 전쟁을 할 것인가 말 것인가, 또 전쟁을 한다면 이길 것인가 질 것인가의 판단은 천시, 지리, 인화 세 가지를 근거로 해야 한다는 의미였다.

『손자병법』에서는 나라의 존망을 가르는 전쟁은 큰일이기에 반드시 다섯 가지 요소를 가지고 전쟁 여부와 승패 여부를 판단해야 한다고 강조했다. 다섯 가지 요소란 도道, 천天, 지地, 장將, 법法이다. '도'는 통치자와 백성의 뜻이 같은가 아닌가 여부다. 통치자와 백성의 뜻이 같으면 도가 있는 것이고 그렇지 않으면 도가 없는 것이다. 통치자는 전쟁을 원하는데 백성이 원하지 않으면 도가 없으므로 전쟁을 하지 말아야 하고, 반대로 통치자는 전쟁을 원하지 않는데 백성이 원할 때에도 도가 없으므로 전쟁을 하지 말아야 한다. 오직 통치자와 백성 모두 전쟁을 원할 때만 도가 있으므로 전쟁을 할 수 있고 또이길 수도 있다.

'천'에는 봄, 여름, 가을, 겨울과 같은 시절의 뜻도 있고, 가뭄이나 홍수 같은 천재지변의 뜻도 있다. 가뭄이나 홍수 같은 천재지변이 있을 때는 천시가 좋지 않으므로 전쟁을 하면 안되고, 천재지변이 없을 때는 천시가 좋으므로 전쟁을 할 수 있다. '지'는 땅의 멀고 가까움, 험하고 평탄함, 넓고 좁음 등과 같은 형세다. 땅의 형세가 유리하면 전쟁할 수 있고 불리하면 전쟁할 수 없으므로 지에서는 반드시 지리를 따져야 한다.

'장'은 장수의 능력을 말하는데, 이는 지智, 신信, 인仁, 용勇, 엄嚴의 다섯 가지를 가지고 따져본다. 만약 적의 장수가 아군의 장수보다 지, 신, 인, 용, 엄 모든 면에서 우세하다면 전쟁할 수 없다. 이를 어기고 억지로 전쟁하면 승리할 수 없다. '법'은 군사 편제, 무기, 군사비 등이다. 만약 적의 군사 편제, 무기, 군사비 등이 아군보다 월등하다면 전쟁할 수 없다. 이를 어기고 억지로 전쟁하면 패하게 된다.

『손자병법』에서는 전쟁 여부와 승패 여부를 판단하기 위해 도, 천, 지, 장, 법의 다섯 가지를 치밀하게 비교하고 분석하는 과정을 계計라고 했다. 계는 계산 또는 계획이라는 뜻이다. 만약 도, 천, 지, 장, 법의 다섯 가지를 가지고 적과 아군을 분석하고 비교한 결과 아군이 월등하다면 전쟁할 수 있고 이길 수도 있다. 결국 도, 천, 지, 장, 법의 다섯 가지를 가지고 적군과 아군을 비교 분석한다는 것은 적을 알고 나를 알아야 한다는 뜻이다. 그래서 『손자병법』에는 "지피지기백전불태知彼知己百戰不殆"라는 말이 나온다.

세종은 『손자병법』의 도, 천, 지, 장, 법의 다섯 가지를 천시, 지리, 인화 세 가지로 요약했다. 이는 천과 지를 제외한 도, 장, 법 세 가지를 인화로 묶은 것이라 할 수 있다. 사실 도, 장, 법은 크게 보면 인화에 포괄된다. 도는 통치자와 백성 사이의 인화이고, 장은 장수와 병사 사이의 인화이며, 법은 병사들 사이의 인화이기 때문이다. 세종은 김종서에게 보낸 글에서 "병가兵家는 계를 근본으로 한다. 다산多算이 소산少算을 이긴다"라고 언급한 적이 있다. 실제로 세종은 무력 정벌을 고려할 때 천시, 지리, 인화를 치밀하게 비교하고 분석한 후 최종 결정을 내렸다. 한번 결정을 내린 후에는 천시, 지리, 인화 자체에 변화가 생기지 않는 한 절대 번복하지 않았다.

파저강 소굴을
정벌하라

세종은 동왕 14년(1432) 파저강 오랑캐의 약탈에 대해 천시, 지리, 인화 모든 면에서 비교 분석한 결과 무력 응징이 필요하다는 결론에 도달했다. 천시로 보면, 조선에는 수년간 풍년이 지속됐고 천재지변이 없었던 반면 파저강 오랑캐는 먹을 것이 부족해 굶주리는 상황이었다. 이는 천시가 조선에 유리하다는 뜻이었다. 인화로 보아도, 조선에는 최고의 성군 세종을 위시하여 당대의 명장 최윤덕 장군이 있었으며, 조선 백성들도 파저강 오랑캐의 배신에 분개해 무력 응징을 요구하고 있었다.

하지만 무력 응징에 반대하는 신하도 없지는 않았다. 세종은 그들을 설득하기 위해 큰 노력을 기울였다. 완벽한 인화를 이루기 위한 노력이었다. 당시 파저강 여진족 정벌에 대한 삼정승의 의견은 둘로 갈렸다. 영의정 황희는 반대했다. 만약 정벌하고자 압록강을 넘어 출정하면 그들은 저 멀리 송화강이나 흑룡강으로 달아날 가능성이 높았다. 그렇다고 조선군이 그곳까지 추격해 소탕한다는 것은 사실상 불가능했다. 뿐만 아니라 자칫 명나라와의 외교 분쟁만 야기할 수도 있었다. 황희는 소탕보다는 잘 달래 도발하지 않게 하면서 굳게 지키는 것이 최선이라 주장했다.

반면 좌의정 맹사성과 우의정 권진은 찬성이었다. 황희의 우려도 충분히 일리가 있지만 그렇다고 도발을 당하고도 가만히 있으면 계속 당할 것이라는 판단에서였다. 이렇게 삼정승 간의 의견이 갈리자 세종은 결정을 내리지 않고 이튿날 다시 논의하기로 했다. 이튿날 논의에서도 찬성과 반대가 팽팽해 결론이 나지 않았다. 세종은 일단 진상을 파악한 후 결정하겠다 하고 잠시 기다리기로 했다.

이렇게 기다림의 시간을 보내던 중 12월 21일, 평안도 도절제사의 급보가 도착했다. 급보에 의하면 파저강 오랑캐 대추장 이만주가 사람을 보내 다음과 같은 소식을 알렸다고 했다. 스라소니를 잡기 위해 이만주가 근거지를 비운 사이, 홀라온忽剌溫 우디케가 100여 군사를 동원해 여연과 강계 지역을 노략질하고 조선인 남녀 64명을 포로로 잡았다. 소식을 들은 이만주는 600여 병력을 동원해 우디케를 공격, 포로 64명을 모두 빼앗았다. 그러니 조선에서는 속히 사람을 보내 포로를 되찾아 가라고 하면서 이만주가 그 증거로 포로 7명을 보냈다는 것이 도절제사의 급보 내용이었다.

세종은 다시 중신 회의를 소집해 두 가지 사항을 논의했다. 이만주가 보호한다는 포로를 찾으러 누구를 보낼지와 더불어 명나라에 이 일을 알릴지 여부였다. 세종이 급보의 내용을 명나라에 알릴지 여부를 논의하게 한 것은 이만주의 보고를 믿지 않았기 때문이다. 이만주는 이번에 여연을 공격한 여진족이 홀라온 우디케라고 했다. 홀라온 우디케는 송화강 북쪽에서 흑룡강 남쪽에 거주하는 야인 여진이었다. 실록에 의하면 조선에서 그곳까지는 20일 정도 걸린다고 한다. 그렇게 먼 곳의 야인 여진이 여연까지 와서 약탈을 하고 돌아갔다는 것은 믿기 힘든 일이었다. 세종은 이만주 자신이 약탈하고 그 허물을 야인 여진에게 뒤집어씌우는 것이라고 이해했다.

이에 따라 일부 중신은 진상부터 조사하자 주장했고, 또 일부 중신은 아예 진상 조사 자체를 하지 말아야 한다고 주장했다. 여기에 더해 명나라에 알릴지 말지를 놓고도 의견이 갈리자 중신들의 논의는 사방으로 흩어지고 말았다. 아마도 이 만주가 노린 것이 바로 이런 상황이었을 것이다.

따라서 무엇보다도 세종의 설득과 결단이 중요했다. 핵심은 파저강 여진족을 소탕할지 말지에 대한 설득과 결단이었다. 이때 세종은 즉시 명나라에 알리는 것이 상책이라 생각했으나 명나라에 알리는 과정에서 도리어 정보가 새어 나갈 수 있으니 이를 잠시 미루자는 의견 역시 비등했다. 이에 세종은 일단 명나라에 알리는 것은 연기하기로 했다. 사실 알리기를 반대하는 이유를 든 양반 관료들 중 다수의 진짜 속마음은 무력 정벌을 반대하는 것이었는데, 많은 이들의 반대를 무릅쓰고 정벌을 강행하면 내분을 일으키고 인화를 해칠 위험이 있었다.

세종은 잠시 정벌을 뒤로 미뤄두고, 착실한 준비에 들어갔다. 다시 한번 때를 기다린 것이다. 먼저 여진족이 여연을 여러 번 침략했는데도 제대로 막지 못했다는 명분을 들어 최윤덕을 평안도 도절제사로 교체했다. 그때가 세종 15년(1433) 1월 11일이었다. 1월 19일, 최윤덕이 부임 인사차 들르자 세종은 "만약 정벌하지 않으면 해마다 노략질할 것이다"라고 하면서 "군사 진퇴는 그대 처분에 맡기겠다" 하였다. 이를 보더라도 세종은 파저강 소굴을 정벌하기로 결심한 것이 분명했다. 다만 반대하는 양반 관료들을 설득하기 위해 직접 주도하지 않고 평안도 도절제사 최윤덕에게 정벌 준비를 하게 한 것이다.

다음으로 세종은 파저강 여진족 대추장 이만주에게 사람을 보내 그곳 지리를 정탐하게 했다. 그가 조선 포로를 보호하고 있어 사례하고자 보낸다 했지만 진짜 목적은 정탐이었다. 이에 따라 박호문과 박원무는 2월 10일 한양을 출발해 파저강으로 갔다. 2월 15일, 세종은 파저강 여진족 정벌에 대한 조정 중신들의 의견을 다시 수렴했다. 이러한 설득 과정을 통해 중신들이 정벌에 찬성하도록 만들었다. 그렇게 무력 정벌은 실행만 남게 되었다.

논의 결과 정벌군은 3,000명 정도 필요하고, 총사령관으로는 최윤덕 장군이 적합한 것으로 결정됐다. 하지만 최윤덕 장군은 적어도 1만의 병력이 필요하다고 주장했다. 그 이유는 다음과 같았다. 먼저 파저강 유역은 땅이 험하고 막힌 곳이 많아 공격군뿐만 아니라 보급병과 수비병도 많이 필요하다. 또한 파저강 여진족을 모조리 무찔러 멸망시키려면 앞뒤에서 포위하고 퇴로를 끊어야만 가능한데, 그렇게 하려면 감동, 만포, 벽동 3곳에서 일시에 압록강을 도하할 필요가 있다. 감동에서 도하한 부대는 적의 퇴로를 끊고, 만포와 벽동에서 도하한 부대는 앞뒤에서 협공한다. 그럴 경우 앞뒤의 공격 병력이 각각 4,000명 정도 필요하고, 배후에서 퇴로를 끊는 병력도 2,000명 정도 필요하므로 도합 약 1만 병력이 필요하다는 계산이었다.

본래 파저강은 고구려 건국시조 주몽이 나라를 세웠던 비류수로서 예로부터 수많은 유목민들이 웅거했던 곳이다. 고려 말 이성계 장군이 1만 5,000 병력을 거느리고 압록강을 건너 공격했던 외적도 파저강 여진족이었다. 이런 역사적 사실들로 볼 때, 아무래도 1만 이상이 필요하다는 것이 최윤덕 장군의 판단이었다. 그러자 세종은 5,000 병력을 추가했다. 최종적으로 정벌군의 규모는 1만 5,000명으로 결정됐는데, 이것은 이성계 장군의 정벌군과 같은 규모였다.

최윤덕 장군은 정벌군을 본대와 유격대로 편성했다. 본대는 중군, 좌군, 우군의 3군으로 나뉘었다. 중군은 총사령관 최윤덕 장군이 거느리는 2,599명에 중군 절제사 이순몽이 거느리는 2,515명을 더해 총 5,114명으로 편성됐다. 이 중군이 정벌군의 주력군이었다. 좌군은 절제사 최해산이 거느린 2,070명이었고, 우군은 절제사 이각이 거느린 1,770명이었다. 중군, 좌군, 우군을 합한 본대 병력은 8,954명이었다.

유격대는 조전군助戰軍이라 했으며 3부대로 편성했다. 첫

째는 절제사 이징석이 거느린 3,010명의 부대, 둘째는 절제
사 김효성이 거느린 1,888명의 부대, 마지막은 절제사 홍사
석이 거느린 1,110명의 부대로 유격대 총 병력은 6,008명이
었다. 따라서 본대와 유격대를 합한 총 병력은 정확하게 1만
4,962명이었다. 이 중에서 약 1만 명은 평안도에서 동원했고,
나머지는 황해도에서 동원했다. 약 1만 5,000명의 정벌군은
세종 15년 4월 10일 강계에 집결해 출정 의식을 거행했다. 장
군은 "사령관의 명령을 어기는 자가 있으면, 삼가 왕명에 따
라 군법대로 할 것이니 그 죄를 사양하지 말라"라며 일장 훈
시를 했다. 이어 군령을 하달했는데, 다음과 같은 내용이었다.

- 저들과 대적할 때에는 근자의 칙서 및 영락 연간에 선포된 명나
  라 황제의 지시는 절대 언급하지 말고 오로지 주상(主上, 여기서는
  세종)께서 내리신 명령만 언급할 것이며, 여러 장수들은 총사령
  관의 명령에 따른다.
- 총사령관이 각(角)을 한 번 불면 모든 장수들이 응하고, 북과 징도
  같다. 깃발을 왼쪽으로 눕히면 왼쪽으로 가고, 오른쪽으로 눕히
  면 오른쪽으로 간다. 북을 치면 나아가고, 징을 치면 그치며, 두
  번 징을 치면 곧 물러가되, 일체 총사령관 명령에 따른다.
- 전쟁에 임하여 깃발을 눕혀도 응하지 아니하는 자, 북을 듣고도

나아가지 아니하는 자, 장수를 구원하지 아니하는 자, 군정軍情을 누설하는 자, 요망한 말로 여러 사람을 의혹시키는 자는 대장에게 고하고 목을 벤다.

- 자기 부대를 잃고 다른 부대를 따라가는 자, 부대 깃발을 잃은 자, 함부로 떠드는 자는 벌을 준다. 한 부대에서 세 사람을 잃은 자도 벌을 주며, 부대장을 구원하지 아니하는 자는 목을 벤다.

- 북을 천천히 치면 천천히 가고, 빨리 치면 빨리 간다. 이 법을 따르지 아니하는 자는, 행진할 때는 벌을 주고, 싸움에 임해서는 목을 벤다.

- 적의 마을에 들어가면 늙고 어린 남녀를 때리거나 찌르지 말며, 장정이라도 항복하면 죽이지 않는다.

- 적의 마을에 들어간 후 명령 전에 약탈하면 목을 벤다.

- 험하고 좁은 길에서 행군하다 갑자기 적을 만나면 행군을 중지하고 공격하며, 각을 불어 군사들에게 알리고, 모든 군사는 각으로 총사령관에게 보고한다. 후퇴하여 패해 달아나는 자는 목을 벤다.

- 소, 말, 닭, 개 등은 죽이지 말고, 집은 불태우지 않는다.

- 공격 방법은 정의로써 불의를 무찌르는 것이다. 그 마음을 다스려 만전을 기하는 것이 정의다. 만약 늙은이, 어린이를 잡아죽이거나, 중국인을 죽여 군공을 세우려고 명령을 어기는 자는 모두

군법에 따라 처벌한다.

- 강을 건널 때는 모름지기 5명씩 또는 10명씩 짝을 지어 차례로 배에 오르고, 먼저 타려고 다투어 순서를 잃지 않도록 해야 한다. 어기는 자는 부대장과 함께 죄를 준다.
- 군영에 머무르는 사객使客과 제장諸將을 접대할 때는, 서울에서 온 군관은 칼을 차고 좌우를 떠나지 말아야 한다. 어기는 자는 5일의 월급을 정지한다. 행진할 때는 깃발, 징, 북, 사령관기 등을 군령에 따라 받들어 가지고 간다.
- 진무鎭撫 1명과 서울에서 온 군관 4명은 날마다 돌아가서 군영 문을 지킨다. 길 가는 사람을 제외하고 각 군 절제사 및 영군차 사원領軍差使員 등은 수행원 1명만 거느리고 들어온다.
- 총사령관이 내린 군령은 진무소에서 전달하고, 일체 행동에 대하여 제군諸軍은 진무소의 군령을 듣는다.
- 만약 사망한 사람과 말이 있으면, 말은 뼈를 거두어 묻고, 사람은 싣고 온다.

군령을 마친 최윤덕 장군은 오는 19일을 결전의 날로 정했는데, 비바람이 심해지는 등 날씨가 나빠지면 하루 연기하기로 했다. 정벌군은 셋으로 나뉘어 행군했다. 첫 번째는 감동으로 향하는 우군 절제사 이각 부대였다. 그 부대는 우측에서 적의 퇴로를 막는 것이 임무였다. 두 번째는 만포로 향하는 부대로서, 여기에는 총사령관 최윤덕 부대를 비롯해 김효성 유격대와 홍사석 유격대가 포함됐다. 이 세 부대는 만포에서 압록강을 도하한 후, 파저강 정면과 우측에서 공격하는 것이 임무였다. 마지막으로 세 번째는 벽동으로 향하는 부대로서, 여기에는 중군 절제사 이순몽 부대를 비롯해, 좌군 최해산 부대 그리고 이징석 유격대가 포함됐다. 이 세 부대는 벽동에서 압록강을 도하한 후, 파저강 좌측에서 공격하는 것이 임무였다.

만포에서 압록강을 도하한 최윤덕 장군은 강변에 군영을 설치하고 전열을 정비했다. 그때 강가에 있던 4마리의 들노루가 군영으로 들어오기에 군사들이 잡았다. 이를 본 최윤덕 장군은 "무왕이 폭군 주왕을 치려고 황하를 지날 때 흰 고기가 왕의 배에 들어오니, 사람들이 말하기를 '흰 것은 상商나라 빛깔인데 이제 왕의 배에 들어오니, 이는 상나라 사람이 무왕에게 돌아올 징조입니다' 했고 실제로 그렇게 됐다. 지금 노루는 곧 들짐승인데 스스로 와서 잡혔으니, 실로 여진족이 죽음을 당할 조짐이다"라고 예언했다. 이번 정벌이 성공할 것임을 하늘이 미리 알렸다는 말인데, 이 말에 병사들은 용기백배했다.

최윤덕 장군은 만포에서 함께 압록강을 도하한 김효성 유격대, 홍사석 유격대와 길을 나누어 진군했다. 김효성 유격대는 파저강을 따라 정면으로 진군했고, 홍사석 유격대는 파저강 좌측으로 진군했으며, 최윤덕 장군 부대는 파저강 우측으로 진군했다. 이외 외곽에서도 네 방면의 포위 공격을 동시에 진행함으로써 이중의 포위 공격을 진행했다.

파저강을 우회해 진군하던 최윤덕 장군은 어허강魚虛江가에 이르자 목책을 설치하고 군사 600명을 주둔시켰다. 만약의 사태 때 배후 기지로 이용하기 위해서였다. 드디어 4월 19일 새벽, 최윤덕 장군은 여진족 산채山寨로 쳐들어갔다. 이날은 일곱 방향에서 파저강을 포위해 들어온 조선 정벌군이 총공격을 감행하기로 약속된 날이었다.

최윤덕 장군이 적의 산채로 들어가 보니 거의 무너져 있었고 사람은 보이지 않았다. 다만 정탐을 위해서인지 여진족 기마병 몇 명이 번갈아 나타나 활을 쏘고는 사라졌다. 여진족들은 이미 도망해 숨은 것이 분명했다. 숨어 있는 여진족 병사들을 유인해내지 못하면 장기전이 될 수도 있었다. 최윤덕 장군은 통역관에게 명령하여 큰소리로 "우리가 군사를 거느리고 온 것은 너희들 때문이 아니고 다만 홀라온 우디케 때문이니 걱정하지 말라"라고 소리치게 했다. 그러자 숨어 있던 여진족 병사들이 나타나 절을 했다. 적을 안심시키기 위한 말이었는데, 여진족 병사들은 진짜 믿고 나타났던 것이다. 최윤덕 장군은 그 기회를 이용해 기습을 감행함으로써 서전을 승리로 장식했다. 놀란 그들은 산속으로 도망쳐 들어갔지만 조선 정벌군이 외곽에서 포위했기에 멀리 도망가지는 못했다.

4월 20일에 최윤덕 장군은 결전을 벌였다. 공격에 앞서 장군은 공격로를 확보하기 위해 들판에 불을 질렀다. 그런데 갑자기 큰 비가 와서 불이 꺼졌다. 장군은 하늘을 우러러 손을 모으고 "아! 이들은 우리 변경을 침략해 여러 해 동안 흉악한 짓을 많이 저질렀으며, 작년에는 홀라온 우디케를 불러들여 변경을 침범해 사람을 죽이고 집을 불태웠기에, 내가 왕명을 받아 군사를 거느리고 죄를 묻고자 하는데, 지금 하늘이 저들을 용서하고 무고한 우리를 괴롭히니, 아! 하늘이여, 나의 죄가 무엇입니까?" 하고 부르짖었다. 장군의 정성에 감동했는지 잠시 후 비가 그쳤다.

장군은 외곽을 포위한 채, 정벌군을 셋으로 나누어 한 부대는 산을 수색하게 하고, 또 한 부대는 강을, 마지막 한 부대는 들판을 수색하게 했다. 나머지 부대는 여진족 마을을 수색했다. 퇴로를 차단당한 채 촘촘한 수색을 당한 여진족 병사들이 여기저기서 튀어나왔다. 하지만 그들은 상대가 되지 않았다.

이날 조선 정벌군이 올린 전과는 눈부셨다. 포로 248명, 사살 267명 등 총 515명의 적을 소탕했다. 말은 67마리, 소는 110마리를 노획했다. 여진족 마을은 보이는 대로 소각했다. 반면 조선군은 전사자 4명, 부상자 25명에 불과했다. 가히 일방적인 소탕이라고 할 만했다.

이 정벌로 파저강 유역 오랑캐는 무너져 없어졌지만 모든 여진족이 소탕된 것은 아니었다. 파저강 너머 목단강과 송화강 유역 그리고 흑룡강 유역에는 여전히 수많은 여진족이 있었다. 그들을 모두 소탕하기는 불가능했다. 최선의 대책은 그들이 감히 압록강 안으로 침략해 들어오지 못하게 만드는 일이었다. 파저강 정벌은 그 일환이었고, 대성공을 거뒀다.

세종은 대승을 거둔 최윤덕 장군을 우의정으로 승진 발령하는 한편, 전후 대책도 마련했다. 압록강 중상류 지역 방비를 강화하는 것이었다. 비록 이번 정벌로 파저강 여진족이 소탕되기는 했지만 생존한 여진족의 보복 가능성이 높았기 때문이다. 이에 여연을 중심으로 자성, 무창, 우예 등 이른바 4군을 설치했다. 정벌로 여진이 크게 약화된 상황에서 4군까지 설치되자 압록강 중상류 지역은 조선 영토로 완전하게 귀속됐다.

천운으로 6진을
설치하다

태조와 태종 연간 회령 지역에 거주하던 동여진의 동맹가첩
목아는 태종 10년(1410) 4월 경원을 노략질하고, 다음 해 4월
요동의 심양 지역으로 도주했다. 이후 10여 년간 동맹가첩목
아는 그곳에 거주하며 명 황제에게 충성을 바쳤다. 그는 명
황제에 의해 건주 좌위 도지휘사로 임명됐다. 이를 발판으로
동맹가첩목아는 독자 세력을 형성했다. 그러던 중 그는 명의
몽고 정벌에 참전했다가 보복 공격을 받았다. 불안해진 동맹
가첩목아는 다시 회령으로 돌아가고 싶어 했다. 명 황제는 그
의 전공戰功을 인정해 원하는 대로 하라 명령했다. 동맹가첩
목아는 다시 회령으로 돌아왔는데, 그때가 세종 5년(1423) 6월

이었다. 명 황제의 명령이라는 말에 세종은 별 이견 없이 받아들였다. 당시 동맹가첩목아가 거느린 부족 규모는 6,250명이나 됐다.

그런데 문제는 그가 자신의 부족만 데리고 온 것이 아니라 양목탑올楊木塔兀의 부족까지 데리고 왔다는 사실이었다. 양목탑올 역시 심양 지역에 거주하던 여진 부족장이었는데, 그곳의 명나라 주민 수백 명을 약탈하고 도주해 왔던 것이다. 양목탑올이 거느린 부족원 규모는 3,000명으로 추산됐다. 동맹가첩목아와 양목탑올의 부족원들을 합하면 대략 1만 명이었다. 수천 명 규모의 기마대를 조직할 수 있는 상당히 위협적인 숫자였다. 이에 세종은 동맹가첩목아의 회령 거주는 허락했지만, 양목탑올의 거주는 불허했다. 명의 죄인이라는 이유였지만 실제는 부족 규모가 커서였다. 그러자 양목탑올은 두만강 너머에 거주하며 수시로 약탈을 일삼곤 했다.

한편 명 황제는 포로를 송환하기 위해 여러 차례 사신을 파견했다. 하지만 양목탑올은 그때마다 도주하고 아예 만나지 않았다. 그러자 명 황제는 동맹가첩목아를 이용하고자 했다. 둘이 가까운 관계이므로 동맹가첩목아에게 압력을 가하면 포로 송환이 가능하다 판단한 것이다. 세종 13년(1431) 7월, 명 황제는 동맹가첩목아에게 사신을 보내면서 조선에도 도움을 요청했다. 당시 명 사신은 150명 관군을 대동했는데, 세종은 함길도 군사 20명을 징발하여 사신 일행을 호송해 회령으로 가게 했다.

그런데 동맹가첩목아와 양목탑올 문제는 조선과 명 사이에 영토 분쟁을 야기할 소지가 다분했다. 국적과 거주지 그리고 관직이 복잡하게 얽혀 있었기 때문이다. 예컨대 동맹가첩목아는 여진족이지만 현재 조선 영토인 회령에 거주했다. 반면 관직은 명나라 관직인 건주 좌우 도지휘사(좌위와 우위의 통합 도지휘사)였다. 따라서 동맹가첩목아는 조선 사람인지, 명나라 사람인지 아니면 여진 사람인지 애매했다. 만약 그가 명 황제 명령에 따라 양목탑올로 하여금 포로를 송환하게 한다면 국적 문제가 논란될 수 있었다. 명나라 관직을 받은 동맹가첩목아가 명 황제의 명령을 받고 움직인다면 그는 명 백성이라 주장할 수 있었다. 그렇다면 그가 거주하는 회령 지역 역시 명 영토라는 주장이 가능했다.

여기에 더해 양목탑올이 황제의 명령에 따라 포로를 송환하고 명나라에 귀순한다면 그 또한 명나라 백성으로 간주될 수 있었다. 그렇다면 그가 거주하는 두만강 너머 역시 명 영토로 간주될 수 있었다. 그렇게 되면 회령 지역과 두만강 너머뿐만 아니라 여진족들이 다수 거주하는 경성 이북 지역이 모두 명 영토로 흡수될 가능성도 없지 않았다. 그런 위험을 방지하려면 조선 영토가 어디까지인지 분명하게 밝혀야 했다. 또한 현실적인 조치도 필요했다.

세종 13년 7월 19일, 세종은 승정원에 명령을 내려서 윤관 9성을 자세하게 조사해 보고하도록 했다. 혹시라도 영토 분쟁이 벌어질 경우에 대비하기 위해서였다. 세종은 윤관 9성을 근거로 두만강 지역에 대한 연고권을 주장할 작정이었다. 이와 함께 세종은 군사적인 조치도 병행했다. 경성 이북 청진 지역에 성을 쌓기로 결정했던 것이다. 성을 쌓음으로써 경성부터 청진에 이르는 지역을 영토로 확보하고 장차 두만강 지역으로 북상하기 위해서였다. 하지만 이 같은 세종의 결정에 반대하는 여론도 적지 않았다. 자칫 동맹가첩목아와 양목탑올을 자극할 수 있다 우려했기 때문이었다. 예컨대 동맹가첩목아는 조선의 청진 축성을 경원과 경흥을 회복하려는 사전 조치로 받아들일 수 있었다. 그렇다면 그것을 저지하기 위해 선제공격을 가할 가능성이 높았다.

두만강 너머 양목탑올 역시 장차 조선이 토벌할지도 모른다는 생각에서 동맹가첩목아와 합세해 선제공격을 감행할 수 있었다. 그들이 합세하면 부족 규모가 약 1만 명이므로 수천 기마병이 가능했다. 그 정도 기마병을 막으려면 큰 전쟁을 각오해야 했다. 전쟁을 방지하려면 근거지를 소탕해야 했는데, 양목탑올은 여차하면 목단강을 지나 저 멀리 송화강까지도 도주할 수 있었다. 그곳까지 추격해 소탕한다는 것은 사실상 불가능했다. 따라서 반대쪽 관료들은 쓸데없이 청진에 성을 쌓아 자극하지 않는 것이 상책이라 주장했다. 이에 따라 축성 여부를 놓고 갑론을박이 끊이지 않았다.

논쟁이 지속되자 세종은 영의정 황희를 직접 현장으로 파견해 확인하도록 했다. 청진 지역에 실제 성을 쌓을 수 있는지, 쌓는다면 어느 곳에 쌓아야 하는지 확인하게 한 후 결정하기 위해서였다. 황희 정도 되는 인사가 직접 확인하고 내놓는 제안이라면 다른 관료들도 수긍할 것이라 예상했던 것이다. 황희는 세종 14년(1432) 3월 6일 파견됐다. 세종은 황희에게 다음과 같이 당부했다. "내 마음으로는 경원을 청진 지역에 옮겨 큰 진을 만들고, 유능한 장수로 하여금 굳게 지키게 하며 백성들을 분산, 배치하여 농사를 짓게 하려 한다. (…) 내가 눈으로 볼 수 없으니 멀리서 헤아리기 어렵다. 경을 보내어 살펴서 가부를 정한 뒤에 결단을 내리고자 한다."

황희는 4월 12일 세종에게 보고서를 올렸는데, 청진 지역은 여진족이 오가는 요로이자 방어 요충지이므로 현재 경성에 옮겨져 있는 경원부를 청진 지역으로 전진 배치하고 성도 쌓자고 제안했다. 이는 세종의 생각보다 한 단계 진전한 것이었다. 황희는 경원부를 청진 지역에 전진 배치함으로써 언젠가 원래의 자리로 되돌리려 했던 것이다. 사실 황희를 함경도에 파견한 세종의 본래 의도가 바로 그것이었다.

황희의 제안에 조정 관료들의 반응은 가지각색이었다. 이참에 아예 원래의 경원 지역으로 옮겨 복구하자는 의견부터 황희의 제안대로 청진으로 옮기자는 의견, 그냥 현재대로 경성에 두자는 의견 등 다양했다. 의견 통일이 이루어지지 않자 세종은 병조로 하여금 논의하도록 했다. 병조에서는 여러 논의를 종합해 현재의 부령 지역에 영북진寧北鎭을 설치하자고 제안했다. 크게 두 가지 이유에서였다.

첫째, 청진에 성을 쌓는 문제에 대해 조정 관료들의 의견은 크게 기왕의 두만강 유역으로 복구하자는 의견부터 경성에 그대로 두자는 의견으로 갈렸는데, 부령은 두만강 유역과 경성의 중간쯤에 해당해 양측 의견을 절충할 수 있다는 장점이 있었다.

둘째, 부령 지역의 군사적 중요성이었다. 당시 양목탑올은 현재 연변의 화룡 지역에 머물러 있었다. 화룡에서 조선을 침략하는 길은 두만강을 넘어 무산, 부령, 경성으로 이어지는 선이 주요 통로였고, 그래서 부령이 요충지였다. 그뿐 아니라 회령에 거주하는 동맹가첩목아가 도발한다면 주요 침략로 역시 부령, 경성이었다. 즉 당시 부령은 양목탑올이나 동맹가첩목 아의 침략을 동시에 막을 수 있는 요충지 중의 요충지였다.

세종은 병조의 건의를 수용해 부령에 영북진을 설치하기 로 결정했다. 영북진에는 절제사를 배치하고 100명의 병력을 상시 주둔시키기로 했다. 그때가 세종 14년 6월 14일이었다. 이에 따라 조선의 북방 경계선은 기왕의 경성에서 부령으로 크게 북상했다.

한편 동맹가첩목아는 명 사신이 와서 포로 송환을 요구 하자 적극 협조하겠다고 약속했다. 연락을 받은 양목탑올은 82명의 포로를 내주었다. 명 사신은 우선 82명의 포로만 인 솔하고 귀국했다. 당시 양목탑올이 잡아간 포로는 200명이 넘었다. 그중에서 82명이 송환됐지만 아직도 120명 정도가 남아 있었다. 명 사신은 나머지 포로도 찾아 송환하겠다는 동 맹가첩목아의 약속을 받고 일단 귀국했던 것이다.

세종 15년(1433) 8월에 명 사신이 다시 파견됐다. 160명 병 력을 거느린 명 사신은 8월 27일 회령에 도착했다. 그들은 군 영을 설치하고 포로를 색출하기 시작했지만 쉽지 않았다. 양 목탑올이 비협조적이었기 때문이다. 당시 동맹가첩목아와 양 목탑올은 심각하게 불화하고 있었다. 동맹가첩목아는 명나라와 조선이 합세해 포로를 색출하는 상황에서 자칫 잘못 저항하다가는 모조리 토벌당할 것이라며 적극 협조해야 한다고 주장했다. 반면 양목탑올은 요동에서 어렵게 잡은 포로를 두만강까지 끌고 왔는데 그냥 내주면 너무 억울하다며 반대했다.

양측 사이에 의견 조정이 이뤄지지 않자 동맹가첩목아는 독자적으로 포로들을 색출하고자 했다. 이에 앙심을 품은 양목탑올은 목단강 넘어 우디케족에게 협조를 요청했다. 이렇게 해서 300여 기의 우디체 기마대를 얻은 그는 윤8월 15일 새벽에 명 사신 일행을 기습했다. 그때 동맹가첩목아의 동생 범찰이 병력을 끌고 와 사신 일행과 합세했다. 양목탑올과 명 사신 일행 사이에 치열한 전투가 벌어졌고, 명 측에서 6명의 전사자가 발생했다. 양목탑올은 1명의 전사자를 남기고 후퇴했다.

그때 동맹가첩목아는 확실하게 명나라 편에 서기로 결심했다. 그는 양목탑올의 마을을 공격하며 포로들을 색출했다. 양목탑올은 동맹가첩목아를 배신자라 여기고 복수하고자 했다. 양목탑올은 목단강 너머로 가서 우디케 기마대를 규합했다. 그렇게 800여 기의 기마대가 규합되자 양목탑올은 10월 19일 회령의 동맹가첩목아를 기습 공격했다. 양목탑올은 동맹가첩목아를 비롯해 그의 아들과 부하 등 남자는 모조리 죽이고 부녀자는 약탈한 후 두만강 너머로 사라졌다. 태조대부터 세종대까지 회령과 심양을 오가며 풍운을 일으키던 오도리족의 대추장 동맹가첩목아는 이렇게 세상을 떠났다. 살아남은 여진족과 명나라 사신 일행은 부령의 영북진으로 탈출해 도움을 요청했다.

뜻하지 않은 기회였다. 세종은 이 기회를 놓칠 수 없었다. 세종은 조정 중신들에게 물었다. "회령은 본래 우리 영토이다. 이번에 생존한 여진족이 딴 곳으로 옮겨가고, 다른 여진족이 회령으로 옮겨와 살게 되면, 우리 변경을 잃어버릴 뿐만 아니라 또 하나의 강적을 맞이하는 셈이 된다. 이번 기회를 틈타 회령으로 영북진을 옮기고, 경원부도 종성으로 전진 배치해 옛 영토를 회복하고자 하는데 어떤가?" 아울러 "두만강이 우리 국경을 빙 둘러싸서 흐르니, 하늘이 만든 험고險固로서 옛사람이 큰 강으로 못을 삼는다 한 뜻과 매우 합치한다. 나의 결의는 이미 섰으니, 경 등은 충분히 의논하여 보고하라"라고 명령했다.

이런 언급으로 보면 세종은 두만강을 북방 국경선으로 확정하고자 결심하고 그 대책으로 회령과 종성에 군사 기지를 설치하고자 했음을 알 수 있다. 세종은 이것은 이미 결심했으므로 이에 대한 가부는 논하지 말고, 회령과 종성에 설치할 군사 기지에 대해 논의하라고 명령했던 것이다.

세종의 명령에 조정 중신들은 이견이 없었다. 조선이 건국된 이래 수십 년간 두만강 지역을 소란스럽게 하던 동여진이 내분으로 자멸한 것은 사실 하늘이 준 기회나 마찬가지였다. 그런 기회를 잡지 못한다면 두고두고 후회할 게 분명했다. 조선에서 먼저 선수를 치지 않는다면 두만강 유역을 명에 뺏길 가능성도 높았다. 명이 사신 일행을 기습한 양목탑올을 토벌하겠다고 정벌군을 파견할 수도 있기 때문이었다. 그 정벌군이 두만강 유역에 와서 여진족을 소탕하고 명 영토라 선포하면 조선으로서는 낭패일 수밖에 없었다. 그렇게 당하지 않으려면 두만강 유역을 선점할 필요가 있었다. 회령과 종성에 군사 기지를 먼저 설치하자는 세종의 구상은 그래서 나왔다.

세종은 중신들과의 논의를 거쳐 부령의 영북진을 회령으로 전진 배치하고, 경성에 옮겼던 경원부 역시 종성 지역에 전진 배치하기로 결정했다. 회령의 영북진과 종성의 경원부에는 각각 1,100호를 사민徙民시킴으로써 내실을 기하게 했다. 1,100호면 각 호당 5명씩 계산했을 때 5,000명이 넘으므로 회령과 종성은 충실한 고을로 거듭날 수 있었다. 이에 따라 조선의 북방 경계선은 기왕의 부령에서 또다시 회령 – 종성 지역, 즉 두만강 지역을 경계로 하게 됐다.

세종은 함경도 지역 여진족을 진압하고 새로 개척한 영토를 관할하도록 하기 위해 김종서와 이징옥을 파견했다. 영북진 절제사 이징옥은 세종 15년 11월 25일에 파견됐고, 함길도 감사 김종서는 12월 18일 파견됐다. 김종서와 이징옥은 몇 년 동안을 재직하면서 동여진 진압에 심혈을 기울였다.

먼저 기왕의 부령에 있던 목책을 무산茂山 지역으로 전진 배치함으로써 화룡 지역 여진족들의 공격을 막고자 했다. 아울러 무산 지역 농토를 경작하는 조선 백성들은 목책 안에 거주하게 함으로써 안전을 보장하고자 했다. 다음으로 회령과 종성에는 석성을 쌓아 강력한 군사 거점을 구축하고, 예전의 경원에 경원부를 복구하도록 했다. 이후 두만강 유역이 안정되자 김종서는 온성과 경흥에도 군진을 설치했다. 이로써 무산, 회령, 종성, 온성, 경원, 경흥 등 두만강 유역은 완벽하게 조선 영역 안으로 편입됐다.

한편 김종서 감사는 두만강 유역 방어를 후방에서도 지원하기 위해 부령에 군진을 설치했다. 이 결과 회령, 종성, 온성, 경원, 경흥에 더하여 부령까지 6진이 완성됐다. 6진의 완성은 조선 북방 국경선이 두만강을 경계로 완성됐음을 뜻하며, 여진족의 주 침략로가 완벽하게 차단됐음을 말한다. 기왕에 여진족의 주 침략로는 용정 – 회령 – 부령 – 경성 – 길주 – 함흥을 잇는 길 또는 화룡-무산-부령-경성-길주-함흥을 잇는 길이었다. 6진 설치는 이 길목을 완전하게 차단하는 것이었다. 만약 여진족이 용정-회령-부령-경성-길주-함흥을 잇는 길로 침략해 오면 침략로의 길목에 자리한 회령-부령-경성-길주에서 방어할 뿐만 아니라 주변의 무산, 종성, 온성, 경원, 경흥에서도 지원받을 수 있었다. 또한 여진족이 화룡-무산-부령-경성-길주-함흥을 잇는 길로 침략해 오더라도 침략로의 길목에 자리한 무산-부령-경성-길주에서 방어하는 것은 물론 주변에 자리한 회령, 종성, 온성, 경원, 경흥에서 지원받을 수 있었다.

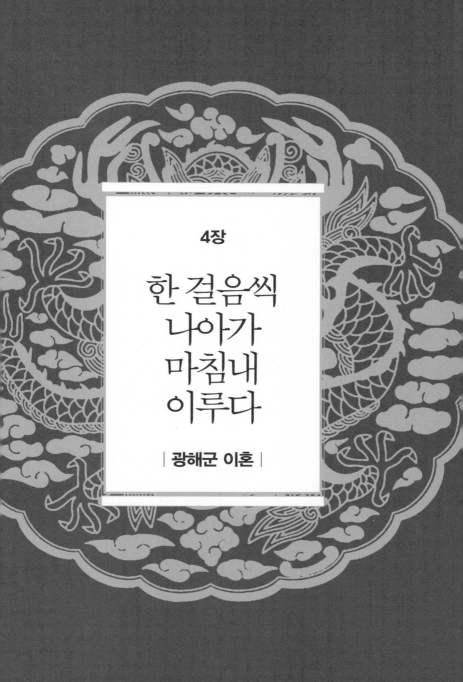

4장

한 걸음씩
나아가
마침내
이루다

| 광해군 이혼 |

공물 상납의 폐단

공물貢物의 '貢(공)'은 정성을 들여 만든다는 뜻의 '工(공)'과 귀중품이란 뜻의 '貝(패)'가 합쳐진 글자다. 정성껏 마련한 귀중품 또는 특산품을 '공'이라고 했다. 공은 경작지에서 생산한 농작물 이외 모든 특산품이 대상이었다. 경작지 농산물은 전세田稅 항목으로 세금을 거두었기에 공에서 제외됐다. 다시 말해서 농작물을 제외한, 특정 지역을 대표하는 자연 채취물이나 수공업 제품이 곧 그 지역의 특산품이고 그것이 곧 공물이었다.

공물의 본래 취지는 왕의 은혜에 감사하는 지방관이 성의를 표시하기 위해 바치던 지방 특산품이었다. 하지만 조선시대 공물은 성의 표시라기보다는 무시무시한 납세에 가까웠다. 왕, 관찰사, 병마절도사, 수군절도사, 수령 등이 자신의 돈으로 공물을 마련하는 것이 아니라 강제 징수로 마련했기 때문이다. 공물을 바치는 지방관들은 충신이란 칭송을 들었지만, 실제 공물을 부담한 백성들은 고통에 몸부림쳐야 했다. 무엇보다도 공물 종류와 양이 너무 많았다. 더구나 공물은 돈이 아니라 현물이었다. 그런 공물을 마련해 품질 검사를 받고 한양까지 운반하는 일은 고역일 수밖에 없었다.

앞서 언급한 대로 공물은 근본적으로 성의 표시를 위해 바치는 지방 특산품이었다. 그런데 그 성의 표시라고 하는 그것이 문제였다. 도대체 어느 정도까지가 성의 표시인지 객관화하기가 어려웠기 때문이다. 더구나 특산품이라고 하면 또 어디까지가 특산품인지를 객관화하기란 더 어려웠다. 지방의 대표적인 자연 채취물과 수공업 제품이 모두 망라되어 있었는데 무엇이 대표적인 자연 채취물인지 또 대표적인 수공업 제품인지 애매했고, 언제 그리고 얼마나 바쳐야 하는지도 모호했다. 이런 상황에서 지방관 자신 돈이 아니라 강제 징수로 공물을 마련하다 보니 지방관들 간에 좀 더 좋고, 좀 더 많은 공물을 바치려는 경쟁이 불붙곤 했다. 그 경쟁에서 야기되는 부담은 궁극적으로 백성들에게 돌아갔다.

이런 분란을 최소화하기 위해 조선에서는 군현별로 공물 종류와 수량을 배정하고, 상납 시기도 결정했다. 태조 이성계는 즉위 직후 공부상정도감貢賦詳定都監을 설치하고 공물 종류와 수량 및 상납 시기를 상정하게 했다. 공부상정도감에서는 왕실과 중앙 각사에서 필요로 하는 물품 종류와 양을 계산하고, 이를 팔도에 배분한 후 다시 군현별로 재배정했다. 배정 기준은 군현의 실제 특산물과 인구, 토지 등이었다. 이런 원칙에 따라 특산물과 인구, 토지가 많은 군현에는 더 많은 종류의 공물과 더 많은 수량의 공물이 배정됐다. 이렇게 배정된 공물은 지방 수령이 백성으로부터 징발해 관찰사에게 올리고, 다시 관찰사는 중앙 각사와 왕실에 상납했다. 상납 시기는 다음 해 2월까지였다. 그때까지 상납을 완료하지 못하면 불충으로 간주되어 큰 처벌을 받았다.

예를 들면 조선 전기 제주목의 경우 왕실과 13곳의 중앙 각사에 공물을 상납했다. 왕실에는 녹피(鹿皮, 사슴 가죽) 40장, 수체(首髢, 머리다리) 12개, 장초석(長草席, 돗자리) 300개, 향훈(香蕈, 매운 나물) 4석 6두, 곽(藿, 미역) 5,280근, 전복 1,600개, 감자 한 그루당 결실에 따른 수량을 상납하도록 했는데, 이 물건들은 내수사에 수납했다. 13곳의 중앙 각사는 공조, 봉상시, 군기시, 상의원, 제용감, 선공감, 사재감, 전의감, 혜민서, 내섬시, 의영고, 장원서, 수진방 등으로 각 중앙 각사에 별도로 수납했다.

제주목사는 왕실과 중앙 각사 13곳에 상납할 공물을 각 마을에 분배했다. 그러면 마을에서는 각 가구별로 재분배했다. 정리하자면 제주도 공물은 마을 가구에서 마련하고, 이것을 제주목에 모아 한 번 검수한 후, 전라감영으로 가지고 가서 다시 검수하고, 한양의 내수사나 중앙 각사에 상납했다. 이처럼 공납은 과정도 복잡하고 가는 길도 너무 멀었다. 게다가 제주목이나 전라감영 또는 내수사나 중앙 각사에서 퇴짜라도 맞으면 그야말로 큰일이었다. 제주목사는 성의가 부족한 지방관, 즉 불충한 지방관으로 낙인찍혔고, 제주도 사람들은 다시 공물을 마련해 보내야 했기 때문이다.

당연히 제주도 마을 사람들이나 제주도 관료들은 퇴짜 맞지 않기 위해 온갖 노력을 기울였다. 가장 흔한 수법은 검수 담당자에게 뇌물을 쓰는 것이었다. 이에 따라 공물을 마련하는 데 드는 비용보다 운반비와 뇌물이 몇 배나 더 들었다. 예컨대 왕실 내수사에 상납하는 녹피 40장은 한라산에서 노루를 사냥해 마련하면 그만이었다. 하지만 녹피를 배에 싣고 전라감영에 가서 검수받고, 다시 한양 내수사에 가서 검수받는 과정이 노루 사냥보다 훨씬 어렵고 복잡했으며 비용도 훨씬 많이 들었다.

이런 상황이라 "공물은 꼬지에 꿰어 바치고, 뇌물은 짐바리에 실어서 몰고 간다"라는 속담까지 생겼다. 작은 공물 하나를 바치기 위해 수십 배나 많은 뇌물이 필요하다는 뜻이다. 이런 비리와 부정 이외에도 공물 상납에 따른 폐단은 부지기수였다.

백성들을 울린 별공

조선 건국 후 정확히 102년이 지나 연산군이 즉위했다. 주색에 빠진 연산군은 조선팔도에 채홍사를 파견해 미인들을 긁어모았다. 이렇게 뽑힌 미인들이 흥청이란 이름으로 궁에 들어갔다. 처음에 300명으로 시작한 흥청은 시간이 지나면서 500명에서 1,000명으로, 다시 2,000명으로 폭증했다. 연산군 12년(1506) 3월 27일 실록 기사에는 "흥청 1만여 명에게 지급할 잡물과 그릇 등을 미리 마련하라"라는 내용이 있는데, 이로 보아 연산군은 흥청을 1만여 명까지 확대할 계획이었다. 흥청도 사람인지라 먹고살아야 했다. 살림살이도 필요하고 옷과 집 그리고 음식도 필요했다. 연산군은 흥청 1명에게 각

각 솥단지, 식기, 밥상, 요강, 거울, 화장품, 옷가지 등의 살림살이를 지급했고 음식도 주었다. 2명의 흥청에게는 공동으로 부릴 1명의 방자를 주었으며, 온갖 종류의 노리개와 귀금속 등 사치품도 주었다.

흥청의 수가 1만 명이라면 단순 계산해도 솥단지 1만 개, 식기 1만 개, 밥상 1만 개, 요강 1만 개, 거울 1만 개, 화장품 1만 벌, 옷가지 1만 벌 등이 필요하다. 이들이 먹는 데 필요한 곡식과 반찬은 부지기수고 노리개와 귀금속 같은 사치품 또한 마찬가지였다. 기왕의 궁중 재정으로 이렇게 많은 것들을 충당하기는 불가능했다.

그러자 연산군은 공물상납제도를 악용했다. 공물 상납은 근본적으로 왕에 대한 지방관의 성의 표시였기에, 왕이 필요하다고 하면 뭐든지 상납해야 하는 것이 지방관의 의무였다. 왕이 지방관에게 불시에 요구하는 공물은 '특별한 공물'이라는 의미에서 별공別貢이라 불렸다.

연산군은 흥청을 늘리면서 필요한 생필품과 사치품을 대부분 별공으로 충당했다. 별공은 현장 상황을 고려해 배정하는 것이 아니라 왕의 필요에 의해 배정했다. 별공이 남발되면 그 폐단은 고스란히 백성에게 돌아갔다. 그러므로 정상적인 상황이라면 왕이 과도한 별공을 요구할 때, 중앙 관료들이 막아야 하고, 안 되면 지방관이라도 나서서 막아야 했다. 하지만 연산군의 폭정에 관료들은 막을 엄두를 내지 못했다. 그렇게 늘어난 별공은 궁극적으로 각 지방 마을에 배정됐다.

마을 입장에서는 어느 날 갑자기 별공이 배정되는 것이어서 대책이 없었다. 마을에서 생산되지 않는 공물이라고, 공물이 너무 과중하다고 하소연해도 통하지 않았다. 그런 하소연은 왕에 대한 성의와 충성심이 없다는 증거로 비난받을 뿐이었다. 어떤 마을에 갑자기 별공이 배정되면 급한 대로 구입해서 때우는 수밖에 없었다. 게다가 언제 또 새로운 별공이 추가로 배정될지 알 수 없었다. 곤욕을 치르지 않으려면 마을별로 미리 대비하는 수밖에 없었다. 그 결과 마을별로 공물기금 또는 진상기금 등이 생겨나기에 이르렀다.

조선 후기 마을의 진상기금에 대해서는 거제도 구조라리 사례를 들 수 있다. 구조라리 마을회관에는 18세기에서 20세기까지 300년에 걸친 고문서가 소장되어 있다. 특정 가문이 아닌 마을회관에 고문서가 소장된 이유는 작성 주체와 이해 당사자가 특정인이나 특정 가문이 아니라 마을 전체였기 때문이다. 구조라리 고문서는 조선시대 마을 공동체의 생활상과 현안 해결 방식 등을 생생하게 보여준다. 구조라리는 거제도 가운데서도 최남단에 위치한다. 농사와 어업을 함께하는 전형적인 섬마을로 한문 이름은 항리項里다. 항리는 지형이 장구의 목과 흡사하다고 해서 붙여진 이름이다.

구조라리에서 상납한 진상품과 진상 시기는 「동전표식기洞錢俵殖記」라는 자료에 상세하게 기록되어 있다. 당시 구조라리에는 약 70호가 있었는데, 마을에 배당된 진상품을 마련하기 위해 각 호별로 부담금이 배정됐다. 진상품과 진상 시기에 따른 부담금은 다음과 같았다.

조선 후기 거제부 항리에서 담당한 진상

월별	진상 종류	진상품(1년간 진상 총액 = 약 110냥)
1월	1월 등진상等進上	홍합 3두 6홉 3작을 위해 1두에 8전씩 = 약 2냥 9전
2월	2월 등진상	홍합 2두 1홉을 위해 1두에 8전씩 = 약 1냥 7전
3월	3월 등진상	홍합 3두 9홉 7작을 위해 1두에 8전씩 = 약 3냥 2전
4월	4월 **별진상**別進上	표고 1두 3홉 5작을 위해 1두에 8냥씩 = **약 10냥 8전**
윤4월	윤4월 **별진상**	홍합 3두를 위해 1두에 8전씩 = **약 2냥 4전**
6월	6월 상주도회소 봉진상	홍합 4두 2홉 3작을 위해 1두에 8전씩 = 약 3냥 4전
	6월 **별진상**	표고 9두 1작을 위해 1두에 8냥씩 = **약 72냥 1전**
9월	9월 등진상	홍합 2두 6홉을 위해 1두에 8전씩 = 약 2냥 1전
10월	10~11월 양삭 진상	홍합 6두 2홉을 위해 1두에 8전씩 = 약 5냥
	10월 **별진상**	홍합 2두를 위해 1두에 8전씩 = **약 1냥 6전**
11월	10~11월 양삭 진상	홍합 6두 2홉을 위해 1두에 8전씩 = 약 5냥

표에 의하면 구조라리는 거의 매달 진상품을 상납했다. 진상에는 월별로 올리는 등진상, 즉 정기 진상과 특별히 올리는 별진상이 있었다. 별진상은 별공의 일종이었다. 구조라리는 등진상을 1월, 2월, 3월, 6월, 9월, 10월, 11월 등 일곱 번에 걸쳐 올렸고, 별진상을 4월, 윤4월, 6월, 10월 등 네 번에 걸쳐 올렸다. 등진상과 별진상을 합하면 열한 번이 되고 총액수는 약 110냥이다.

구조라리의 1년간 진상 총액 중에서 별진상은 86.9냥이었음에 비해 등진상은 23.3냥에 불과했다. 총액 비율로 보면 별진상이 약 80퍼센트를 차지했고 등진상은 20퍼센트 정도밖에 되지 않았다. 이는 연산군대에 별공이 남발됨으로써 나타난 현상이다.

당시 구조라리에서는 홍합, 표고를 직접 생산해 상납한 것이 아니라 현금을 갹출해 사서 진상했다. 물론 처음부터 그랬던 것은 아니다. 어느 순간 직접 생산하는 것보다 사는 편이 유리하기에 바꾼 것이었다.

예를 들어 1월 등진상으로 배당된 홍합 3두 6홉 3작을 마련하려면 70가구가 각각 5작 정도를 부담해야 했다. 5작은 반 되 정도인데, 이를 마련하기 위해 70가구는 각각 홍합을 채취해서 말려야 했다. 이어서 홍합 반 되를 가지고 마을 이장에게 가면, 이장이 하나하나 검수했다. 70가구에서 가져온 홍합은 제각각일 수밖에 없었다. 어느 가구에서 가져온 것은 크고 충실한 반면 어느 가구에서 가져온 것은 부실할 수 있었다. 또 어느 가구에서 가져온 것은 너무 마르고, 반대로 어느 가구에서 가져온 것은 덜 마를 수도 있었다. 이런 것들을 한데 모아서 3두 6홉 3작을 채우면 불량품 같은 느낌이 들 수 있었다. 그래서 이장은 너무 작거나 덜 마른 홍합은 바꿔서 가져오라고 할 수 있었다. 이 과정에서 무수한 분란과 비리가 개입할 여지가 적지 않았다.

그렇다면 마을 사람들 입장에서는 홍합 3두 6홉 3작을 사는 데 드는 돈을 갹출하는 것이 보다 공평하고 화목을 유지하는 데도 유리하다고 생각할 수 있었다. 예컨대 앞의 표에 나타나듯 홍합이 1두에 8전이라면, 3두 6홉 3작을 마련하는 데 필요한 비용은 2냥 9전이다. 이것을 70가구에 골고루 배당하면 가구당 0.4전 정도만 부담하면 된다. 2냥 9전으로 실하고 잘 마른 홍합 3두 6홉 3작을 마련하면 여러 가지로 편리했던 것이다.

앞에서 본 대로 구조라리에서 연간 열한 번에 걸쳐 상납한 진상 총액이 약 110냥이므로, 한 번에 평균 10냥 정도가 필요했음을 알 수 있다. 국왕의 정사에 참고하도록 정부 재정과 군정의 내역을 모아놓은 『만기요람萬機要覽』의 환산식으로 계산하면 쌀 1석은 5냥이므로 110냥은 쌀 22석에 해당한다. 이것을 70호에 분배해 징수했으므로 각 호에서는 대략 1.5냥을 부담한 셈이 된다. 쌀 1석은 15말이었으므로 1.5냥은 대략 쌀 4~5말에 해당한다. 요컨대 조선 후기 구조라리 사람들은 각 호별로 1년간 진상을 위해 대략 1.5냥을 부담했던 셈이다. 물론 1.5냥을 한 번에 부담한 것은 아니고 11개월에 걸쳐 해당 달에 배당된 액수만큼 부담했다. 평균으로 치면 한 번에 약 1.4전을 부담한 셈인에 이 자체는 큰 규모가 아니었다.

　문제는 진상품을 마련한 이후였다. 그 뒤로도 무수한 검수 과정을 거쳐야 했기 때문이다. 예컨대 구조라리 같으면 거제부로 가서 검수를 받아야 했고, 여기서 통과하면 다시 경상감영이 있는 대구로 가서 검수받고, 마지막으로 한양의 내수사로 가서 검수받아야 했다. 이 과정이 더 어렵고 고통스러웠으며 비용도 훨씬 많이 들었다. 대체로 마을에서 진상품을 마련할 때 드는 비용의 10배에서 20배까지 들었다. "공물은 꼬지에 꿰어 바치고, 뇌물은 짐바리에 실어서 몰고 간다"라는 속담이 생긴 이유가 여기에 있었다.

　예컨대 구조라리가 1월 등진상을 내수사에 상납하기까지

드는 비용은 마을 단계에서 가구별로 약 0.4전에 불과하지만 상납 과정에서 그 10배나 20배인 4전이나 8전으로 폭증해 최종적으로는 1냥에 육박하게 된다. 이런 식으로 계산하면 가구당 연간 부담액은 마을 단계에서는 1.5냥에 지나지 않지만 최종적으로는 20냥 내외로 폭증한다. 20냥이면 쌀로 4석이었고, 벼로 계산하면 10석이었다. 영조 당시 농민의 1년 총생산액이 쌀 10석 내외였다는 점을 고려하면 구조라리 사람들이 부담한 가구별 4석은 총생산의 절반에 육박하는 셈이다.

이는 정약용의 『경세유표經世遺表』를 통해서도 확인된다. 이에 의하면 효종 연간에 김육이 상소문을 올려 대동법을 요청했는데, 그 상소문에서 토지 1결당 1년간 부담하는 공물 비용이 면포 10필 내외라고 하였다. 토지 1결이란 대략 1가구의 경작지이고, 토지 1결당 1년간 공물 부담 비용은 1가구의 연간 공물 비용과 같은 뜻이 된다. 그 비용이 연간 10필이면 쌀로 60두이고, 석으로 치면 4석이다. 김육의 상소문으로 볼 때, 대부분의 다른 마을들도 구조라리와 비슷한 연간 공물 비용을 부담했음을 알 수 있다. 이렇게 보면 공물 생산 원가는 10퍼센트 미만이고 나머지 90퍼센트 이상이 유통 비용이었다.

유통 비용이 이렇게 크다 보니 이권이 개입하지 않을 수 없었다. 그 이권은 직접적으로는 사주인私主人이라고 하는 창고업자와 관련됐고, 나아가서는 군현 단위의 검수 실무자 그리고 중앙 각사나 궁중의 검수 실무자와 관련됐다. 지방관이 마을별로 배당해 수납한 공물은 담당 향리가 한양으로 가지고 가서 중앙 각사나 궁궐에 상납했다. 그런데 복잡한 절차로 인해 상납이 완료되기까지는 상당한 시일이 걸렸다. 그래서 중앙 각사나 궁궐에서는 특정 업자를 지정해 일정 기간 보관하도록 했다. 특정 업자는 대부분 중앙 각사나 궁궐에서 필요로 하는 물품을 조달하는 중개업자로, 사주인이라고 칭했다.

사주인과 검수 담당자는 이권을 챙기기 위해 부정을 저지르는 일이 많았다. 예컨대 중앙 각사나 궁궐의 검수 담당자가 공물을 퇴짜 놓으면 담당 향리는 어쩔 줄 몰라 했다. 그때 사주인이 접근해 공물을 대신 상납해주겠다고 제안하며 비싼 값을 불렀다.

향리 입장에서는 이것저것 따질 입장이 아니었을 것이다. 만에 하나 그냥 돌아가면 관찰사와 수령은 불충한 신하로 몰리고, 마을 사람들은 또다시 공물을 마련해야 한다. 조선시대 수령은 대략 20곳 내외의 중앙 각사와 왕실에 공물을 상납했는데, 만약 6곳 이상에서 퇴짜를 맞거나 상납하지 못하면 파직이었다. 그렇기에 한 번이라도 퇴짜를 맞으면 수령의 앞날

뿐만 아니라 향리 자신의 앞날도 치명적으로 불리했다.

당연히 향리는 감지덕지한 마음으로 사주인의 제안을 받아들였다. 사주인은 이미 담당자와 밀약이 되어 있기에 검수는 아무런 문제가 되지 않았다. 향리가 치른 비싼 비용은 결국 마을 사람들에게 전가됐다. 이렇게 중개업자나 검수 담당자가 대신 상납하는 것을 방납防納이라고 했는데, 연산군대에 방납이 폭증했다.

수천 명의 흥청이 입궁하면서 별공이 남발되다 보니 별의 별 일이 다 생겼다. 공납이란 근본적으로 토산품을 상납하는 것인데 연산군대 별공은 그런 것을 따지지 않았다. 궁중에 필요한 물품을 일방적으로 관찰사에게 지시했고, 그러면 관찰사는 다시 관하 수령에게 떠넘겼다. 최종적으로 별공은 마을 단위로 배당되는데 마을 사람들은 보지도 듣지도 못한 별공을 배당받는 일이 적지 않았다. 이럴 경우 마을에서는 구입해 바치는 수밖에 없었다.

그런데 궁중의 흥청에게 어떤 물건이 필요한지 또 어떻게 해야 무사히 검수를 통과할지는 중개업자나 검수 담당자가 잘 알았다. 별공을 상납하는 향리 입장에서는 그들에게 부탁하는 것이 가장 안전하고 편리했다. 이것이 방납 폭증을 불러왔고, 방납 폭증은 다시 방납가격의 폭증을 불러왔다. 그 부담은 다시 마을로 전가됐다.

정약용이 『경세유표』에서 언급한 나삼(羅蔘, 경북 경주에서 나는 좋은 삼) 진상은 방납의 실상을 생생하게 보여준다. 지방관은 왕실 사람들의 건강을 책임지는 내의원에 나삼을 진상했고, 검수는 어의가 담당했다. 당시 나삼 1냥의 시장가격은 40냥이었다. 하지만 중개업자는 그 10배인 400냥을 어의에게 가져왔다. 그 돈으로 어의는 시장에서 40냥 가격으로 구매해 대신 진상했다. 차액 360냥은 자기가 가졌다. 360냥은 쌀 72석에 해당하는 돈이었고, 농민 7가구의 1년 총소득과 맞먹는 액수였다.

나삼 진상의 본래 취지대로 한다면 어떤 마을에서 생산된 좋은 나삼을 향리가 한양으로 가져와 중개업자의 창고에 보관했다가 검수를 거쳐 상납해야 했다. 상납 과정에서 중개업자와 어의에게 많은 뇌물이 오고갔을 것이다. 그 뇌물 비용이 대체로 시장가의 10배 이상이었다. 향리는 이렇게 큰 뇌물을 주면서 어렵게 상납하느니 아예 일정 비용을 중개업자 아니면 어의에게 주고 대신 상납해달라고 제안할 수 있었다. 반대로 중개업자나 어의가 먼저 제안할 수도 있었다. 그렇게 하면 향리에게도 편하고 중개업자나 어의에게도 이익이 되기에 제안은 쉽게 성사됐다. 계약이 성사되면 향리는 중개업자에게

돈만 주고 떠났다. 중개업자는 그 돈으로 사서 진상하거나 아니면 일정 액수를 자가기 가지고 나머지 돈을 어의에게 주어 직접 진상하게 할 수도 있었다.

나삼 진상의 경우, 중개업자가 어의에게 400냥을 주었으므로, 향리에게 받은 돈은 그보다 훨씬 컸을 것이다. 예컨대 500냥을 받았다면 이는 시장가격 40냥의 12.5배에 해당한다. 향리는 마을 사람들에게 이보다 더 많은 돈을 받아냈을 것이다. 결과적으로 마을 사람들은 시장가격에 비해 10배에서 20배 정도의 돈을 지불해야 했다.

연산군대에 방납이 폭증하면서 부정과 비리도 폭증했다. 게다가 방납은 근본적으로 불법이었다. 그러다 보니 방납가격은 부르는 게 값이었고, 담당 향리의 농간도 늘어났다. 설상가상 연산군이 축출된 이후 방납은 도리어 확대됐다. 방납으로 막대한 이권을 챙긴 업자들이 여기저기 공작하면서 방납을 부추겼기 때문이다.

방납 확대는 마을 사람들의 부담을 증가시켰다. 이런 부담을 조금이라도 덜기 위해 마을 사람들은 공물기금을 운영하기도 하고, 담당 향리의 공덕을 칭송하는 비석을 세우기도 했다. 기장의 구포 마을 사람들이 진상색進上色 장성규를 위해 세운 불망비에는 다음과 같은 내용이 적혀 있다.

구해불망비救海不忘碑, 헌종 2년(1836)

진상색이 바닷사람들을 구해준 은혜를 잊지 않기 위한 비석進上色
張性珪救海不忘碑

모두 말하기를 훌륭한 아전이라 칭송하네咸日良吏

우리는 비로소 무리 중에 뛰어난 사람을 보았네始覩超伍

자기의 급료를 스스로 줄이면서까지 노력하니自減任況

은혜가 아홉 포구 가득하네惠洽九浦

1836년 구월에 아홉 포구의 사람들이 함께 세우다道光丙申 九月 日
九浦竝立

구포는 기장 바닷가에 자리한 포구 마을이었다. 이곳 어
민들은 해산물을 마련해 진상품으로 상납해야 했다. 헌종 2년
(1836)이면 대동법이 시행되어 중앙 각사에 상납하던 현물 공
납은 사라졌지만 왕실에 바치는 진상품은 그대로였다.

위의 불망비에서 "자기의 급료를 스스로 줄이면서까지 노
력하니"라고 한 것은 아마도 진상품을 마련할 때 장성규가 본
인 돈을 보태주었다는 의미일 것이다. 물론 방납업자에게 주
었을 텐데, 그 돈을 마을 사람들에게서 받지 않은 듯하다. 내
막은 잘 알 수 없지만, 갑자기 방납업자가 웃돈을 요구했고

그 돈을 장성규 스스로 해결했을 가능성이 있다. 장성규가 심술을 부려 마을 사람들에게서 웃돈보다 훨씬 많은 돈을 거둘 수 있었지만 그러지 않았기에 불망비를 세웠을 것이다.

조선 후기 마을 사람들이 공물기금이나 진상기금을 운영하고 심지어 진상색의 불망비까지 세운 이유는 방납 때문이었다. 방납은 공물 상납의 불편에서 야기됐다. 하지만 공물 상납 자체가 없어지지 않는 한 아무리 발버둥쳐도 연간 쌀 4석 정도를 부담해야 했다. 1년간 부지런히 일해서 벌어들이는 것이 겨우 쌀 10석인 상황에서 4석은 너무나 큰 부담이었다. 연산군 이후로 백성은 공물 상납 때문에 너무 힘들었고 백성의 삶을 안정시키려면 공물 상납을 개혁하는 수밖에 없었다.

방납 근절을 주장한
이이의 한계

이이는 선조 6년(1573) 10월 22일에 우부승지가 됐다. 그전에
이이는 노인들로부터 연산군대에 발생한 과중한 별공으로 살
기 어렵다는 하소연을 들었지만 믿지 않았다. 연산군이 축출
된 지 벌써 100년 가까이 됐는데 그 사이 개선되지 않았을
리가 없다고 믿었기 때문이다. 하지만 궁중에 소장된 공물 대
장인 공안貢案을 보면서 이이는 경악했다. 노인들의 하소연대
로 연산군대에 남발된 별공이 그대로 있었다. 연산군을 축출
한 중종도, 그 뒤를 이은 인종도, 그리고 명종도 공물 문제에
대해 침묵했고, 그 당시 관료들도 침묵한 결과였다.

관료들은 성의 표시라고 여겨지는 공물의 속성상 이를 폐지하자고 요청하기가 어려웠다. 자칫 불충한 무리로 몰릴 수 있었기 때문이다. 왕의 경우는 방납을 개선하고 싶어도 궁중 사람들의 반대로 그러기가 어려웠다. 연산군 이래로 공물 폐단은 주로 과중한 별공에 따른 방납에서 비롯됐는데, 방납 비리는 주로 궁중 사람들이 저질렀다. 대부분 별공이 궁중 상납이었기에 왕자, 공주, 부마를 비롯해 환관과 궁녀 들이 방납 사업에 관여해 돈을 벌었다. 그래서 100년 가까이 공물 문제에 대해 왕도 침묵하고 관료들도 침묵했던 것이다. 그 틈을 타고 방납은 더욱 성행했고 민생은 힘들어졌다.

사실을 확인한 이이는 사명감이 불타올랐다. 양반의 본분은 왕에게 충성하는 것이었지만 충성 자체가 목표는 아니었다. 양반이 왕에게 충성하는 이유는 궁극적으로 백성을 살리고 나라를 살리기 위해서였다. 깊이 보면 백성을 살리고 나라를 살리는 것이 충성이었다. 그렇다면 방납으로 백성이 힘들고 나라가 병드는데도 침묵하는 것은 충성이 아니었다. 이런 자각에서 이이는 분개했고 그래서 침묵할 수 없었다.

선조 7년(1574) 1월, 이이는 무려 1만 글자나 되는 장문의 상소문을 올려 국정과 민생을 어렵게 하는 폐단 네 가지를 거론하고 이를 바로잡을 것을 요구했다. 이이가 거론한 네 가지 폐단 중에서도 가장 심각한 것은 방납이었다. 이이는 당시의 방납은 연산군 폭정 때문에 나타났으니 당연히 금지해야 한다고 하면서 그것이 여러 일 중에서도 가장 시급한 일이라고 주장했다. 방납을 금지하기 위해 이이가 제시한 대안은 다음과 같았다.

첫째는 공안 개정이었다. 연산군 이전의 공안은 토산물 상납이라는 원칙하에 마련됐기에 별 문제가 없었다. 하지만 연산군대에 별공이 남발되면서 토산물 상납이라는 원칙이 무너졌고 그 때문에 방납이 만연했다. 그러므로 방납을 근절하려면 우선 연산군대에 추가된 별공을 조사해 폐지하는 조치, 즉 공안 개정이 필요했다.

둘째는 토산물 상납 원칙의 재확립이었다. 비록 연산군대의 별공을 폐지한다고 해도 조선이 건국되고 이미 200년 가까운 세월이 흘렀으므로 토산물 생산에 변화가 있었다. 따라서 공안을 개정하는 기회에 다시 전국의 토산물 현황을 조사하고, 그에 입각해 공물을 재배정하면 방납을 근절시킬 수 있었다.

셋째는 토지와 가구 수를 고려한 공물 재배정이었다. 조선 건국 직후 공물은 근본적으로 토산물 상납이라는 원칙에서 각 군현에 배정됐다. 당시 각 군현은 토지와 인구에서 큰 격차가 없었지만, 200년 가까이 지나자 격차가 크게 벌어졌다.

그럼에도 200년 전 공물이 그대로 배정되어 있어서 큰 군현은 오히려 부담이 줄었지만 작은 군현은 부담이 확대됐다. 이런 불공평을 해결하려면 새로 토지와 가구 수를 조사해 커진 군현에는 부담을 늘리고 작아진 군현에는 부담을 줄여주어야 하는 게 마땅했다.

이이의 제안대로 시행한다면 대부분 별공은 사라지고 원공元貢도 크게 줄어들 뿐만 아니라 모두 토산물만 배정될 수 있었다. 그렇게 된다면 마을 사람들은 굳이 비싼 돈을 들여 방납을 할 필요가 없기에 원래 취지대로 토산물을 상납할 것이었다. 마을 사람들의 부담도 줄고 방납 폐단도 없어질 것이었다. 백성 입장에서 보면 이이의 제안은 그야말로 민생을 위한 제안이었다. 하지만 방납업자 입장에서는 그 반대였다. 이이의 제안대로 하면 방납이 근절될 것이고 그것은 곧 막대한 이권이 상실된다는 뜻이었다. 방납업자는 온갖 수단을 써서 이이의 제안을 헐뜯었다.

문제는 선조였다. 선조 입장에서는 이이의 제안을 받아들이기가 쉽지 않았다. 민생을 안정시킨다는 점에서는 분명 올바른 제안이었지만 현실적으로 왕실 재정 중 무시할 수 없는 부분을 별공이 차지하고 있었다. 연산군이 축출된 뒤 수천 명 흥청도 축출됐다. 그러면서 흥청에게 쓰이던 별공은 자연스럽게 왕실 재정으로 전용됐다. 넉넉해진 왕실 재정은 왕족들만이 아니라 궁녀, 환관, 궁중 일꾼 등에게도 흘러갔다. 그렇게 100년 가까운 세월이 흐르면서 별공은 왕실 재정으로 굳어졌다. 그런데 갑자기 별공을 없애면 그것은 곧 왕실 재정 축소로 이어진다. 이를 다른 곳에서 보충할 수 있다면 괜찮지만 그럴 방법이 없었다.

실록에는 이이가 만언소를 올리자 인심이 크게 요동쳤다고 한다. 이이의 제안대로 될까 두려움에 떠는 사람들이 많았다는 뜻이다. 그들은 이이의 제안을 겉으로는 그럴싸하지만 실제는 현실을 무시한 이상적인 논의라는 둥, 별공은 연산군 이전에도 있었던 아름다운 전통인데 그 전통을 해치는 흉악한 논의라는 둥 갖가지 이유를 들어 비난했다. 이런 비난은 물론 방납업자들이 주동했지만 그 비난에 궁중 사람들도 동조했다. 방납 근절이 방납업자의 이권을 해치는 것이나 별공 폐지가 궁중 사람들의 이익을 해치는 것이나 결국 같았기 때문이다.

이이의 만언소 이후 선조는 상당한 시간 동안 고민한 듯하다. 허락할 수도 없고 거부할 수도 없었던 것이다. 허락한다면 왕실 재정이 축소될 텐데 그것은 곧 왕실 사람들의 불만을 야기할 게 분명했다. 거부한다면 민생을 걱정하지 않는 왕이란 비난이 일어날 것이 분명했다. 오랫동안 고민하던 선조는 이렇게 응답했다.

"상소문을 보니 요순시대를 만들겠다는 포부를 볼 수 있다. 그 논의는 참으로 훌륭하여 아무리 옛사람이라도 그 이상 더할 수 없을 것이다. 이런 신하가 있으니 나라가 다스려지지 않을까 어찌 걱정하겠는가? 그 충성이 매우 가상하니 감히 기록해두고 경계로 삼지 않겠는가? 그렇지만 변통에 관계되는 것이 너무 많아서 갑자기 전부 고칠 수는 없다."

이이의 제안은 훌륭하지만 현실적으로 실천이 어렵다는 뜻이었다. 요컨대 이이의 제안을 받아들일 수 없다는 대답이었다. 선조는 민생보다는 왕실 재정을 먼저 생각해 이런 결정을 내렸을 것이다. 그런 면에서 선조에게는 민생을 안정시키려는 덕목이 부족했다고 할 수 있다. 실록에 선조의 결정이 알려지자 인심이 크게 안정됐다는 내용이 나오는데, 당시 민생보다 자신의 이권을 먼저 생각하는 사람들이 많았다는 의미이고, 공안 개정에 대한 반대가 그만큼 강했다는 의미이기도 하다.

하지만 이이는 포기하지 않았다. 선조를 만날 때마다 공안 개정을 요구했던 것이다. 예컨대 만언소를 올리고 한 달 후 경연에 참여해 선조를 만났는데, 그때 "공안은 연산군 때

만든 것이니 고치지 않을 수 없습니다. 전하께서 그런 옛법을 그대로 지키면서 변통하지 않으신다면 좋은 정치는 기대할 수 없습니다"라며 공안 개정을 요구했다.

그러자 선조는 "누구나 자기 자신을 잘 모르는데, 그대가 보기에 나는 좋은 정치를 할 수 없단 말인가?" 하고 역정을 냈다. 이이는 "영명하신 전하께서 어찌 하지 못하시겠습니까?"라고 대답했다. 아마도 이 말 뒤에 영명한 선조가 공안 개정을 해야 하는 이유를 장황하게 설명하려 했을 듯하다. 이를 눈치챈 유희춘이 재빨리 "상께서는 총명하고 공정하시어 참으로 큰일을 할 만하시지만, 성품이 고집스러운 데가 있습니다"라고 말했다. 이로써 대화 주제는 갑자기 공안 개정에서 선조의 성품으로 바뀌었다. 이이는 더 이상 발언 기회를 잡지 못하고 물러나야 했다.

이는 그 당시 선조나 고관대작들이 공안 개정 자체를 언급하고 싶어 하지 않았음을 의미한다. 방납을 근절해야 한다는 이이의 제안은 이론상 훌륭하지만 현실적인 어려움을 고려하지 않은 측면도 있었다. 예컨대 별공을 없애면 줄어든 만큼의 왕실 재정을 다른 무엇인가로 보충해야 하는데 당장 그럴 만한 여유가 없었다. 이이가 이에 대해 아무런 언급을 하지 않은 것은 사실 이이에게도 대안이 없었기 때문이다. 왕실 재정은 단순히 사치를 금하고 검소를 숭상해야 한다는 대의 명분만으로는 해결될 일이 아니었다.

게다가 당시 조정 관료들은 동인과 서인으로 나뉘어 치열한 당쟁을 벌이고 있었다. 서인이 제안하면 동인은 무조건 반대하고, 동인이 제안하면 서인 역시 무조건 반대하는 일이 많았다. 이이의 공안 개정 제안 역시 마찬가지였다. 서인 이이가 공안 개정을 요구하자 동인은 일단 반대했다. 이이가 아무리 강력하게 공안 개정을 요구해도 동인은 협조하지 않았다. 선조도 반대하고 동인도 반대하는 상황에서 공안 개정은 불가능했다.

하지만 이이의 공안 개정 요구는 방납 폐단을 공론화시키는 효과를 불러왔다. 찬성하든 반대하든 방납이 문제라는 사실에는 모두가 공감했다. 다만 그 문제를 어떻게 해결할지에 대한 답안이 제각각일 뿐이었다.

광해군의 결심,
대동법

1608년 2월 1일 선조가 세상을 떠나고 다음 날 34세의 광해
군이 즉위했다. 광해군은 5개월 후 선조의 장례를 치러야 했
다. 이를 위해 수많은 장례 물품을 별공으로 배정해야 했는데,
대부분이 가까운 경기도에 배정될 예정이었다. 경기도 백성
들의 원성이 높아질 것이 불을 보듯 훤한 상황에서 광해군은
가만히 있을 수 없었다. 게다가 임진왜란을 겪은 지 얼마 되
지 않았기에 특단의 대책이 필요했다.

　선조의 서자로 태어난 광해군은 임진왜란이 발발하기 이
전 유자신의 딸과 혼인하고 궁궐에서 나가 이현궁에서 살았
다. 1592년 임진왜란이 일어나자 그해 4월 28일 세자에 책

봉됐다. 당시 세자 광해군은 열여덟 살이었다. 조선시대 왕자는 10세 전후에 혼인하고 출궁하는 것이 관행이었으므로, 광해군은 혼인 후 세자에 책봉되기까지 10년 가까이 궁 밖에서 생활했다고 보아야 한다. 광해군은 궁 밖 생활을 통해 백성들의 생활상을 직접 경험할 기회가 많았을 것으로 짐작된다.

책봉 이틀 후인 4월 30일 새벽에 세자 광해군은 부왕 선조와 함께 파천 길에 올랐다. 세자 광해군은 6월 14일 영변에서 선조와 헤어진 후 동왕 26년(1593) 1월 정주에서 재회하기까지 7개월간 독자적으로 움직이며 분조分朝 활동을 벌였다.

그동안 의주까지 파천한 선조는 여차하면 명나라로 망명할 준비를 하고 있었다. 반면 세자 광해군은 전선을 누비며 의병들을 독려했다. 이런 세자 광해군의 활약으로 임진왜란 초반의 열세를 만회할 수 있었다. 사람들의 마음은 선조에게서 떠나 세자 광해군에게 몰렸다. 세자 광해군에게 왕위를 넘겨야 한다는 여론이 신료들 사이에 형성됐으며, 이를 눈치챈 선조가 선위하겠다고 한 적도 여러 번이었다. 이런 과정에서 선조와 세자 광해군 사이에 왕위를 둘러싼 갈등이 깊어졌다.

7년에 걸친 임진왜란이 끝났을 때 선조는 46세였고, 세자 광해군은 24세였다. 왕위를 물려주기에는 선조가 너무 젊었다. 세자 광해군에 대한 선조의 견제심이 커져갔고, 그럴수록 미움도 커졌다. 그에 비례해 세자 광해군의 불안도 점점 커졌다. 세자 광해군은 1608년 즉위하기까지 10년간 부왕 선조의 눈치를 보며 극도로 조심했다. 이런 경험을 겪은 후 즉위한 광해군은 현실적이면서도 소심한 성격을 갖게 됐다.

광해군이 즉위하고 나서 치러야 할 국가적인 행사가 여럿이었다. 우선 선조 장례식부터 치러야 했고, 명나라에서 조문하러 오는 칙사도 대접해야 했다. 임진왜란으로 모든 궁궐이 불탔기에 궁궐도 복구해야 했다. 이런 행사들을 치르려면 각종 물품이 필요했는데, 그것들을 구매할 만큼 국가재정이 넉넉지 않았다. 국가재정을 고려해 궁궐을 조금 검소하게 지을 수는 있겠지만, 선조의 장례식을 간소하게 치를 수는 없었다. 명나라에서 오는 칙사 역시 간소하게 대접할 수 없었다. 이에 따라 선조의 장례식을 주관하는 관청과 칙사 대접을 주관하는 관청에서는 필요한 모든 물품을 별공으로 해결하고자 했다.

그런데 문제는 대부분의 별공이 경기도에 배정된다는 사실이었다. 장례식과 칙사 대접을 몇 달 안에 끝내야 하는데 먼 지방에 별공을 배정하면 징수하고 운반하는 데 많은 시간이 걸릴 것이었다. 당연하게도 장례식과 칙사 대접에 필요한 별공을 떠맡은 경기도 백성들의 원성이 높아졌다. 이런 사정을 충분히 아는 광해군은 경기도 백성들의 별공 부담을 줄여줄 방법을 모색했다. 그 방법에는 몇 가지가 있었다.

첫째, 급한 대로 장례식과 칙사 대접에 필요한 별공은 경기도에 배정하는 대신, 경기도에 배정된 기왕의 별공을 일부 감면하고 다른 도로 배정하는 방법이었다. 그런데 이렇게 하려면 기왕의 공안을 모조리 손봐야 하는 부담이 뒤따랐다.

둘째, 장례식과 칙사 대접에 필요한 별공을 경기도뿐만 아니라 다른 도에도 공평하게 분산해 배정하는 방법이었다. 이는 경기도 백성들의 불만을 누그러뜨릴 수는 있지만 별공을 배정하고 징수하는 데 많은 시간이 걸린다는 문제가 있었다.

셋째, 경기도에 배정된 별공을 무상으로 징수하지 않고 값을 지불하는 방법이었다. 이렇게 하면 경기도 백성들의 원성을 잠재울 수는 있지만 열악한 국가재정에 부담이 추가될 수밖에 없었다.

어떤 방법을 쓰던 경기도 백성들의 별공 부담을 줄이려면 다른 문제점이 뒤따를 게 뻔했다. 이 중에서 광해군은 세 번째 방법, 즉 경기도에 배정된 별공을 무상으로 징수하지 않고 값을 지불하는 방법을 시행하도록 명령했다. 광해군은 비록 국가재정에 부담이 추가되더라도 민폐를 더할 수는 없다고 판단했던 것이다. 이는 기왕의 별공을 무상 징수하던 것에 비하면 큰 변화였다. 이런 변화는 궁극적으로 별공은 민폐라는 광해군의 문제의식 덕분에 가능했다.

별공은 민폐라는 광해군의 문제의식은 기왕의 별공에도 적용됐다. 광해군 즉위 당시 백성들을 괴롭히던 대표적인 별공이 궁중에 상납하는 장지壯紙였다. 본래 조선에서는 저주지楮注紙와 초주지草注紙를 사용했는데, 이를 좀 더 두껍고 고급스럽게 만든 종이가 장지였다. 처음엔 궁중에서도 저주지와 초주지를 사용했다. 그런데 연산군대를 거치면서 궁중에서는 장지를 사용하게 됐고, 필요한 장지는 별공으로 충당했다. 갑자기 장지를 별공으로 배당받은 백성들은 직접 만들 수 없어 시장에서 구매해 상납했다. 당연히 장지 값이 크게 올라갔고, 시간이 지나면서 점점 더 비싸졌다. 이에 따라 광해군이 즉위했을 때는 장지 상납이 백성을 괴롭히는 대표적인 별공으로 지탄받기에 이르렀다.

광해군은 즉위 직후 백성들을 괴롭히는 별공을 조사해 대안을 세우라 명령했다. 이에 따라 담당 관청에서는 장지 별공을 없애고 기왕의 저주지와 초주지로 바꾸자는 대안을 제시했다. 담당 관청은 기왕의 공안에 있는 것만 별공으로 인정하고 그 외의 것은 없애자는 입장이었다. 이런 방식으로 하면 궁극적으로는 연산군대에 새롭게 추가됐던 별공이 모두 혁파될 가능성이 있었다. 이 제안에 광해군이 어떻게 대응하는지는 향후 별공 전반에 대해 광해군이 어떻게 대응할지를 보여주는 시금석과 같았다. 별공으로 야기되는 민폐를 어떤 방식으로 해결하려 하는지, 그런 방식에서 나타나는 광해군의 현실 인식과 해결 방식은 어떤 특징을 갖는지 잘 보여줄 것이기 때문이었다.

광해군은 장지를 없애고 저주지와 초주지를 상납하게 하자는 담당 관청의 제안을 절반 정도만 수용했다. 즉, 저주지와 초주지를 상납하게 하되 장지 상납도 그대로 유지하라고 명령했다. 이런 명령의 근거로 광해군은 장지 상납도 오랜 관행이므로 갑자가 혁파할 수 없다는 점을 들었다. 장지 상납을 대폭 줄이고 그 대신 저주지와 초주지를 대폭 늘리면 장지 상납의 폐단도 해결하고 기왕의 전통도 유지할 수 있기에 일거양득이라고 주장했다. 광해군은 점진적이며 현실적인 문제해결 방식을 보여주었다.

광해군은 오랜 궁 밖 생활과 세자 생활을 통해 공납의 폐단을 잘 알았다. 광해군이 즉위하자마자 오래된 폐단 중 하나인 장지 별공을 개선하려 했던 것도 그래서다. 이처럼 폐단을 현실적으로 해결하고자 하는 광해군의 방식은 장지뿐만 아니라 별공 전반에서도 같은 방식으로 발현됐다.

예컨대 광해군은 선조 장례식과 칙사 대접에 필요한 별공을 값을 주고 구입하라 함으로써 경기도 백성들의 민폐를 줄이라 명령했는데, 이는 자칫 별공 전반을 값을 주고 구입해야 한다는 의논으로 확대될 수 있었다. 하지만 광해군은 절대로 그렇게 되도록 하지 않았다. 다만 선조 장례식과 칙사 대접에 필요한 별공은 특수한 상황이므로 이번에만 값을 주고 구입하라고 명령했을 뿐이었다.

물론 이러한 광해군의 명령은 국가재정에 큰 부담이었다. 경기도 백성들로 하여금 다음번 왕실 장례식이나 칙사 대접에 필요한 별공도 값을 받을 수 있다 기대하게 만들었을 뿐만 아니라, 다른 별공도 값을 받을 수 있지 않을까 기대하게 만들기도 했다. 이유 여하를 막론하고 기왕의 별공은 무조건 무상 징수였는데, 이번에는 유상 징수였기에 그것이 다른 별공에도 적용될 것이라 기대하는 것이 인지상정이었다. 이에 따라 조정 관료들은 경기도 백성들의 별공 부담을 줄이는 동시에 경기도 백성들이 과도한 기대를 하지 않게 만들 현실적 대안을 제시할 필요가 있었다. 그 주인공은 영의정 이원익이었다. 국상 중에 이원익은 광해군에게 이런 제안을 했다.

각 고을에서 진상하는 공물은 중앙 각사의 방납업자들에 의해 중간에서 막혀 물건 하나의 가격이 몇 배 또는 몇십 배, 몇백 배가 되어 그 폐단이 이미 고질화됐는데, 경기도가 더욱 심합니다. 지금 마땅히 별도로 하나의 관청을 설치해 매년 봄가을에 백성들에게서 쌀을 거두되, 1결당 매번 8말씩 거두어 본 관청에 보내면 본청에서는 당시의 물가를 보아 가격을 넉넉하게 헤아려 정해 거두어들인 쌀로 방납업자에게 주어 필요한 때에 사들이도록 함으로써 간사한 꾀를 써 물가가 오르게 하는 길을 끊으셔야 합니다. 그리고 두 차례에 거두는 16말 가운데 매번 1말씩을 덜어내 해당 고을에 주어 수령의 비용으로 삼게 하소서. (…) 다만 왕릉과 칙사의 일은 이런 제한에 구애되지 않기를 요청합니다. (『광해군일기』, 즉위년(1608) 5월 7일)

중앙 각사에 상납하는 공물을 토산물 대신 쌀이나 포로 내게 하고, 중앙 각사가 필요로 하는 물품은 방납업자를 통해 얻고 대신 쌀로 방납업자에게 그 값을 치르자는 제안이었다. 이렇게 되면 백성은 공물을 쌀로 내서 좋고, 방납업자는 자신들의 일을 계속할 수 있을 뿐 아니라 자신들이 보다 공식화되어 좋고, 국가는 유통 과정에서 발생했던 그간의 폐단을 많은 부분 해결할 수 있어 좋았다.

따라서 이를 조선팔도 전체에 일괄적으로 시행하는 편이

맞았다. 하지만 이 제도가 정말 실행 가능한지 알 수 없으므로, 방납 폐단이 격심한 경기도부터 시행함으로써 가능 여부를 시험해보자는 뜻이었다. 그렇게 하면 경기도 백성들의 별공 부담을 완화하는 동시에 필요한 별공은 예전처럼 무상 징수할 수 있게 함으로써 경기도 백성들이 과도한 기대를 하지 않게 만들 수 있었다. 이에 대해 광해군은 1~2년 시험 삼아 해보고 계속할지 여부는 추후 결정하겠다고 명령했다. 한번에 모두 다 해결하겠다는 급진성은 없지만 그렇다고 개혁 자체를 거부하는 것도 아니었다. 즉, 광해군의 결정은 매우 현실적이었다.

실제로 이전의 토산물 상납에 대응하는 비용을 쌀이나 포로 환산한 액수는 중앙 각사에서 필요로 하는 총액수를 전체 토지 결수로 나누어서 산출됐는데, 그 액수가 결당 미 16두였다. 이를 봄과 가을에 나누어 거두면 백성은 봄에 8두, 가을에 8두만 내면 그만이었다. 미 16두는 6냥 안팎인데, 이는 이전의 20냥 안팎에 비하면 3분의 1 이하였다.

당연히 백성 입장에서는 3분의 2 이상 이익이므로 무조건 찬성이었다. 광해군은 우선 경기도에 이를 시행하게 하면서 이 법의 이름을 대동법大同法이라 하고, 대동법에 의해 거둔 쌀과 포를 관리하는 관청을 선혜청宣惠廳이라고 했다. 대동

은 기왕의 각종 토산물을 쌀로 대동 통일했다는 뜻이고, 선혜
는 이를 통해 백성들에게 큰 은택을 베풀었다는 의미다.

　광해군 이후 역대 국왕들은 광해군을 본받아 1개 또는
2개 도에서만 대동법을 추가로 시행했다. 이 결과 인조대에는
강원도에서, 효종대에는 충청도에서, 현종대에는 전라도와 함
경도에서 마지막으로 숙종대에는 경상도와 황해도에서 대동
법이 시행됐다. 평안도는 외교, 국방 문제로 제외됐다. 이 과
정에서 대동미는 쌀 12두로 조정되기에 이르렀다. 광해군
대의 16두에 비하면 4두가 감소한 수량이었다. 그렇게 확정
된 12두는 대동법 이전의 4석, 즉 60두에 비하면 겨우 5분
의 1 수준이었다. 이 같은 대동법을 통해 민생이 크게 되살아
났다. 대동법은 조선 후기 최고의 민생 개혁이라 평가할 수
있다.

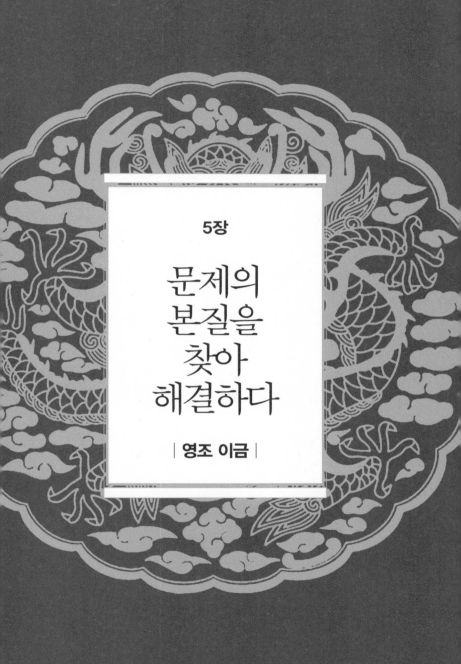

5장

문제의
본질을
찾아
해결하다

| 영조 이금 |

둘로 나뉜 국가

1721년 경종이 즉위하고 1년쯤 지났을 때였다. 이른바 '건저대리建儲代理'가 노론 중진들 사이에서 은밀하게 논의되기 시작했다. 당시 노론들은 경종에게 병이 있어 업무 수행이 불가능하다 주장했다. 게다가 경종에게는 아들도 없었다. 그 대안으로 이복동생 연잉군을 후계자로 세우고 왕의 업무를 대신 수행하게 해야 한다는 주장이 건저대리였다.

조선시대 왕의 후계자는 '저儲'라고 했다. '건저建儲'는 왕의 후계자를 세운다는 뜻이다. 또한 '대리代理'는 대신 처리하게 한다는 뜻이므로, 건저대리는 왕의 후계자를 세워 대신 처리하게 한다는 말이다. 말이 건저대리이지 경종을 왕으로 인정하지 못하겠으니 왕을 교체하겠다는 뜻이나 같았다. 충분히 역모로 몰릴 수 있는 상황이었다. 그런 위험에도 불구하고 건저대리가 논의된 이유는 그 정도로 노론이 절박했기 때문이다.

당시 노론 대표는 호조판서 민진원과 병조판서 이민성이었다. 그들 사이에도 건저 논의가 오갔다. 이민성은 민진원에게 "건저는 하루가 급한데 묘당에서는 아직도 감감무소식이네. 자네는 김창집 대감과 인척이 되고 또 같은 동네에 사는데 어째서 힘써 권하지 않는가?"라고 했다. 민진원이 영의정 김창집에게 권해 건저를 요청하게 만들라는 뜻이었다.

하지만 민진원은 혹 성사되지 못할 경우를 염려했다. 소론이 영의정 김창집은 물론 노론 전체를 역적으로 몰아 공격하면 대책이 없기 때문이었다. 그런 위험을 방지하기 위해서는 대비 김씨나 왕비 어씨와의 밀약이 필요하다 판단했다. 대비나 왕비의 밀약을 받은 후, 영의정 김창집이 건저를 요청하고, 뒤이어 대비 명령으로 건저 문제를 기정사실화하면 소론도 어쩔 수 없다 생각했던 것이다.

민진원의 의견이 당시 노론 중진들 사이의 주류 의견이었다. 민진원의 생각대로 건저를 추진하려면 먼저 대비나 왕비의 뜻부터 알아야 했다. 민진원은 왕비 어씨의 친정아버지 어유구에게 건저에 대한 의견을 넌지시 물었다. 어유구는 가타부타 명확한 입장을 밝히지 않았다. 이로써 민진원을 중심으로 노론 중진들 사이에서 건저가 표면화됐다.

하지만 노론 중진들보다도 먼저 건저에 착수한 사람들이 있었다. 노론 소장파가 그들이었다. 노론 소장파는 노론 원로들의 아들이나 손자 또는 사위였다. 그들은 젊은 만큼 과감하고 빨랐다. 노론 소장파는 노론 원로인 이이명의 아들 이기지, 사위 이천기, 조카 이희지 그리고 역시 노론 원로인 김창집의 손자 김성행 등이 중심인물이었다.

노론 소장파는 대비 김씨는 물론 연잉군에게도 손길을 뻗쳤다. 그들은 환관 장세상을 이용해 대비 김씨에게 접근했다. 장세상은 숙종의 신임을 받던 승전색承傳色으로 연잉군방延礽君房을 관리하고 있었다. 따라서 장세상은 연잉군과 대비 김씨를 연결하기에 아주 좋은 위치에 있었다. 노론 소장파의 사주를 받은 장세상은 대비 김씨에게 조정에서 건저를 요청하려 하며, 연잉군도 그 문제에 동의했다고 알렸다.

한편 노론 소장파는 영의정 김창집의 손자 김성행을 연잉군에게 보냈다. 연잉군은 김성행에게서 "조정 의논은 모두 같으며, 할아버지 김창집 또한 하늘과 인심이 귀의함을 알아 회피하지 않을 것입니다"라는 이야기를 들었다. 조정 중신 모두가 자신을 왕의 후계자로 세우려 한다는 말이었다. 그때 연잉군이 무슨 대답을 했는지는 기록되지 않았지만 거부하지 않았음이 분명하다. 연잉군은 왕이 되고 싶은 마음이었을 것이다.

연잉군의 비공식적인 승낙까지 확보하자 대비 김씨는 "속히 계책을 정하라"라는 밀지를 이희지에게 내렸다. 이희지는 숙부이자 좌의정인 이건명에게 이 사실을 알렸다. 이건명은 또 영의정 김창집에게 알린 후, 같은 노론인 사간원 정언 이정소를 시켜 건저를 요청하는 상소문을 올리게 했다. 경종 1년(1721) 8월 20일 이정소의 상소가 올라오자 경종은 당일로 조정 중신들을 불러 건저를 논의했다. 그날 영의정 김창집, 좌의정 이건명, 판중추부사 조태채, 호조판서 민진원 등이 입궐했다. 판중추부사 김우항, 이조판서 최석정, 예조판서 송상기 등 소론들은 연락을 받고도 불참했으며, 우의정 조태구는 과천에 있어 참여하지 못했다. 이 결과 경종을 만난 사람들은 노론뿐이었다.

김창집, 이건명, 조태채 등이 창덕궁 시민당에서 경종을 만난 때는 밤 2경(밤 9~11시)이었다. 영의정 김창집은 입궐하는 길에 민진원을 찾아가 어떻게 대처할지를 논의했다. 오늘 일을 어찌 처리할지 묻는 김창집에게 민진원은 "이런 논의가 이미 발의된 뒤에 어찌 중지할 수 있습니까? 반드시 오늘밤 안에 생사를 무릅쓰고라도 결판을 지어야 나라를 보존할 수 있습니다"라고 대답했다. 시민당에 모인 중신들을 대표해 영의정 김창집이 먼저 입을 열었다. "주상께서 춘추가 한창 젊으신데 아직 자손이 없으시니 신은 대신으로 있으면서 밤낮으로 걱정입니다. 다만 일이 중대하여 감히 청하지 못했습니다. 지금 정언 이정소의 요청이 지극히 정당하니 누가 반대하겠습니까?" 김창집에 이어 이건명, 조태채 등도 후계자 결정의 필요성을 역설했다.

묵묵히 말을 듣던 경종이 그렇게 하라고 명령하자 김창집과 이건명이 또다시 나섰다. "주상께서는 위로 대비를 모시고 계시니, 대비께 들어가 아뢰어 글을 받은 연후에야 받들어 행할 수 있을 것입니다. 신 등은 문밖에 나가 기다리겠습니다." 경종은 대비 김씨를 찾아갔다. 대비는 사전 각본대로 연잉군을 후계자로 결정한다는 글을 써주었다.

그런데 이 결정에 왕비 어씨가 격렬하게 반대하고 나섰다. 왕비도 자식을 보리라는 희망은 이미 포기하고 있었지만, 시동생인 연잉군이 후계자가 되는 것은 꺼림칙했던 것이다. 중전 어씨는 이전부터 소현세자 후손인 이관석(경종의 9촌 조카)을 양자로 들일 생각이었다. 경종이 대비의 글을 받아 온 것을 본 왕비는 그것을 찢어버렸다. 경종은 아무 말 없이 잠자리에 들고 말았다.

　문밖에서 기다리던 신하들은 아무 소식이 없자 왕에게 결과를 재촉하는 한편 대비에게 연락했다. 소식을 들은 대비는 크게 놀랐다. 대비는 직접 낙선당에 나와 두 장의 글을 써놓고 경종으로 하여금 신하들을 만나게 했다. 경종이 낙선당에서 신하들을 만났을 때는 파루가 울린 후였다. "대비께 아뢰셨습니까?" "꼭 대비의 글이 있어야만 거행할 수 있습니다." 김창집과 이건명의 말을 들은 경종은 묵묵히 책상 위를 가리켰다. 김창집이 뜯어보니 안에 종이 두 장이 있었다. 한 장에는 '연잉군 모延礽君 某'라는 네 글자가 한자로 쓰여 있었다. 나머지 한 장은 한글로 쓴 대비의 교지였는데, "효종대왕과 숙종대왕 혈육으로는 다만 주상과 연잉군뿐이니, 어찌 다른 뜻이 있겠소? 내 뜻은 이러하니 대신들에게 하교하심이 옳을 것이요"라는 내용이었다.

　대비의 교지에 의해 연잉군은 그날 왕세제로 결정됐다. 왕의 동생이기에 세자가 아닌 세제였다. 뒤이어 한 달쯤 후 대리청정(代理聽政, 왕이 병이 들거나 나이가 들어 정사를 제대로 돌볼 수 없을 때 세자나 세제가 왕 대신 정사를 돌봄) 명령까지 내려졌다. 당연히 소론은 크나큰 의구심에 휩싸였다. 34세밖에 되지 않은 경종에게 아들이 없다고 하여 대리청정을 요구하는 것은 분명 비상식적이었다. 그럼에도 노론은 대리청정을 요구해 관철시켰다. 그렇다면 노론은 다음에 무엇을 요구할 것인가? 선위禪位를 가장한 왕위 찬탈을 요구할 게 아닌가? 그러면 노론은 왕을 위협해 몰아내려는 대역무도한 사람들이 아닌가?

연잉군의 대리청정을 놓고 노론과 소론 사이에 격심한 대결이 벌어졌다. 대리청정은 국가 장래를 위해 어쩔 수 없는 조치라는 노론과 대리청정은 왕을 위협하는 대역무도한 행위라는 소론의 주장은 타협점을 찾지 못했다. 경종은 노론과 소론의 대립에서 중심을 잡지 못하고 우왕좌왕했다. 대리청정을 취소했다가 다시 명령하는 등 갈팡질팡하는 모습을 보였다.

소론 중에 김일경은 젊어서부터 노론과 대립하던 과격 인사였다. 김일경은 대비 후원을 받는 노론과 대결하려면 자신도 궁중에 지원 세력을 심어야겠다고 생각했다. 김일경은 경종이 신임하는 박상검이란 환관을 포섭했다. 평안도 영변 출신인 그는 어려서 한양에 올라온 후 글을 배웠다. 환관이 된 그는 글솜씨를 인정받아 경종을 대신해 문서 업무를 처리했다. 경종이 내리는 각종 명령문은 거의가 그의 손을 거쳤다.

박상검과 결탁한 김일경은 소론계 인사들을 규합해 상소

를 올렸다. 그때가 경종 1년 12월 6일이었다. 대리청정 명령이 내려진 지 두 달 반쯤 지난 시점이었다. 김일경, 박필몽, 이명의, 이진유, 윤성시, 정해, 서종하 등 7명이 연명한 이 상소문은 건저대리를 주도한 노론 사대신을 대역부도한 역적이라 주장하며 격렬하게 비난했다. 상소문이 올라가자 노론 사대신 중 청나라에 사신으로 간 이건명을 제외한 김창집, 이이명, 조태채는 도성 밖으로 물러가 처분을 기다렸다. 그런데 경종의 처분은 이례적이었다. 그간 이렇다저렇다 의사를 표현하지 않던 경종이 승정원과 군사 요직에 포진한 노론들을 물러나게 한 것이다. 명백하게 노론들을 역적으로 인정한다는 의미였다.

이날을 기점으로 노론들은 중앙 정계에서 축출되기 시작했다. 표적이 됐던 노론 사대신은 면직됐다가 귀양을 가는 등 50여 명의 노론이 숙청됐다. 그 자리에는 영의정 조태구, 우의정 최석항을 비롯한 소론이 들어갔다. 김일경은 상소하던 당일로 이조참판에 임명됐으며 다음 해인 경종 2년(1722) 1월 22일에는 수어사까지 겸임함으로써 인사권과 군사권의 요직을 겸하게 됐다. 이 해가 신축년인데, 가히 신축환국辛丑換局이라 할 만한 일이었다.

신축환국은 정치적으로 중요한 의미를 가진다. 과거 경종은 병으로 아무런 업무 능력을 보여주지 못했다. 그런 경종이 스스로의 판단으로 환국을 결정할 정도라면 그동안은 일부러 그랬다는 의미일까? 소론은 경종이 노론과 대비의 위협 때문에 질병을 가장하고 있다가 일거에 노론을 숙청한 것이라 생각했다.

그러나 노론의 생각은 정반대였다. 경종은 여전히 회복 불능의 질병에 빠진 것으로 보았다. 그런 경종이 스스로의 판단으로 환국을 결정한다는 것은 불가능했다. 중간에서 누군가가 경종을 대신해 환국을 주도한다고 생각했다. 노론은 환관 박상검과 중전 어씨를 의심했다. 경종 1년 12월 6일의 상소문과 그에 뒤이은 환국도 모두 소론의 김일경과 박상검, 그리고 중전 어씨의 음모라고 의심했다. 그런 의심은 특히 왕세제 연잉군이 심했다. 당시 왕세제를 도와주는 환관은 장세상이었는데, 박상검이 그 장세상을 미워했던 것이다. 왕세제는 장세상에 대한 미움이 곧 자신에 대한 미움이라고 생각했다.

김일경 등이 노론 사대신을 탄핵한 지 보름쯤 지난 12월 22일, 환관 장세상이 갑자기 유배형을 받았다. 죄목은 "사람됨이 간사하다"라는 아주 추상적인 내용이었다. 그가 왕세제와 대비에게 충성했기 때문이었다. 결국 왕세제와 대비가 간사한 사람이라는 뜻이었다. 그런 죄목으로 장세상을 유배시킨 배후는 사실 환관 박상검이었다. 장세상 다음 차례는 왕세제가 될 것이 분명했다.

불안해진 왕세제는 노론들을 신원해줄 것을 요청했다. 경종은 그 요청을 허락하는 명령서를 승정원에 내렸다. 그런데 박상검이 이를 다시 회수해 찢어버리고는 왕세제가 경종을 만나기 위해 드나드는 문까지 폐쇄했다. 다급해진 왕세제는 배수진을 칠 수밖에 없었다. 왕세제는 환관이 자신을 죽이려 한다고 주장하며 사퇴하겠다는 의사를 밝혔다.

일개 환관으로 인해 왕의 후계자가 사퇴하겠다고 소동을 피우자 사태는 매우 심각해졌다. 환관 발호를 억제해야 한다는 대의명분 앞에는 노론과 소론이 없었다. 결국 박상검은 경종 2년 1월 6일 사형에 처해졌다. 박상검에게 협력했다는 의심을 받던 환관, 궁녀 들도 처형됐다. 김일경 입장에서 보면 궐 밖에서는 환국에 성공했지만 가장 중요한 대궐 안 후원자를 잃은 셈이었다.

김일경은 궁궐 안 후원자 대신 노론 내부에서 협력자를 구하고자 했다. 이조참판과 수어사를 겸임한 김일경은 이미 당대의 실력자로 부상해 있었다. 김일경은 노론과 대비, 그리고 왕세제의 연결 고리로 의혹을 사던 목호룡을 주목했다. 그는 남인 출신의 서얼로 청릉군의 종이었으며, 숙종대부터 풍

수가로 이름을 떨쳤다.

연잉군은 생모 숙빈 최씨의 초상을 치르면서 목호룡을 알게 됐다. 숙빈 최씨는 숙종 44년(1718) 3월 9일에 세상을 떠났는데, 연잉군은 묘지를 물색하러 다닐 때 목호룡과 동행했다. 결국 목호룡의 추천을 받아 경기도 양주에 무덤 자리를 잡고 장례를 치렀다. 장례 후 연잉군은 목호룡의 노고에 보답하고자 했다. 연잉군은 청릉군에게서 목호룡을 넘겨받은 후 면천(免賤, 천민의 신분은 면하고 평민이 됨)해 주었다. 더 나아가 자신의 재산 관리까지 맡겼다. 목효룡은 연잉군의 내밀한 비밀까지 모두 아는 최측근이 됐다.

김일경은 그런 목호룡을 은밀히 불러 수천금을 주며 협박했다. 김일경에 의해 노론들이 일망타진되는 상황에서 목호룡은 두려움에 휩싸였다. 수천금 재물도 뿌리치기 어려운 유혹이었다. 김일경의 사주를 받은 목호룡은 마침내 경종 2년 3월 27일 고변서를 올려 노론이 경종을 시해하려 음모했다고 주장했다. 목호룡의 고변은 의금부 당상 김일경의 주도 아래 조사됐다. 김일경은 연루자들을 가혹하게 조사했다. 대부분은 혐의 사실을 부인했다. 그러나 목호룡의 고변과 대질 신문을 근거로 역모는 기정사실로 인정돼 갔다.

경종의 자객으로 지목된 백망은 고문을 받다 4월 13일에 옥사했다. 같은 날 이천기도 형장을 받다가 사망했다. 이희지는 4월 17일에 형장을 받다가 사망했으며, 이기지는 5월 5일 사망했다. 연잉군을 찾아가 건저를 제안했던 김성행도 가혹한 고문 끝에 죽었다.

일부는 혐의 사실을 인정하기도 했다. 자제들이 연루된 노론 사대신도 온전할 수가 없었다. 노론 사대신은 처음에 귀양에 처해졌다가 사약을 받고 죽었다. 이외에도 170명이 넘는 노론들이 죽임을 당하거나 처벌받았다. 숙종대 갑술환국 이후 30년 가까이 중앙 정계를 좌우하던 노론으로서는 최대의 참변이었다. 이 해가 임인년이었으므로 이 사건을 '임인역옥 王寅逆獄'이라고 한다.

이 와중에 왕세제는 무사했다. 건저대리 중심에는 언제나 왕세제가 있었다. 역적으로 몰려 죽은 김성행은 분명 왕세제를 만나 건저를 논의했다. 그때 김성행과 연잉군이 어디까지 이야기를 나눴는지는 아무도 몰랐다. 단지 건저만 논의했는지, 아니면 여의치 않을 때 경종을 암살하거나 독살할 문제까지도 논의했는지 알 수 없었다. 게다가 칼을 가지고 궁궐에 들어가 경종을 암살하려 했다는 백망은 연잉군 첩의 조카이기도 했다. 의심하기 시작하면 한없이 의심할 수도 있는 상황이었다.

목호룡의 고변이 올라오자 왕세제는 자신의 허물을 고백하는 상소문을 올렸다. 고변을 한 목호룡이나 경종을 살해하려 했다는 백망이나 모두가 왕세제 사람이었다. 무어라 변명을 하기에는 너무나 불리한 상황이었다. 결국 왕세제는 자리에서 물러나려고 했다. 그때 경종이 왕세제에게 조금이라도 혐의를 품었다면 살아남기 힘들었을 것이다. 그런데 경종은 그렇게 하지 않았다. 당시 우의정 최석정이 "주상께서 반드시 동궁을 불러 잘 타일러 위로하고 편안하게 함으로써 곤란하지 않게 하소서"라고 요청하자 경종은 알겠다고 대답했다. 경종은 자신이 대답한 그대로 왕세제를 불러들여 잘 타이르고 위로했다. 덕분에 왕세제는 사퇴하지 않았고, 고변에 연루되어 죽음을 당하지도 않았다. 목호룡의 고변으로 거의 죽을 뻔했던 왕세제는 경종의 도움으로 살아날 수 있었다.

왕을 인정하지 않는
신하들

1724년 8월 25일, 경종이 재위 4년만에 세상을 떠났다. 당시 경종은 37세였다. 젊다면 젊은 경종이 세상을 떠나자 독살 등 온갖 추측이 나돌았다. 8월 30일, 이 와중에 왕세제 연잉군이 왕위에 즉위했다. 훗날의 영조가 그로서 당시 31세였다.

선왕이 세상을 떠나면 후계 왕과 양반 관료들은 26일 동안 초상을 치르는 데만 전념하는 것이 관행이었다. 그 26일을 공제公除 기간이라고 했다. 공제 중에는 정치 논쟁을 벌이지 않는 것이 불문율이었다. 하지만 영조 즉위 직후 노론과 소론은 그런 불문율을 지키지 않았다. 노론과 소론 간의 정치 갈등은 오래된 불문율도 무시할 정도로 격화되어 있었다.

영조가 즉위한 지 겨우 5일째 되던 날, 소론이 주축인 사헌부 관리들이 역비逆婢 조사를 요구하는 연명 상소문을 올렸다. 역비란 경종 2년(1722)에 노론 과격파가 경종을 시해하려 했을 때, 궁중에서 독살을 주모했다고 추정되는 궁녀를 지칭했다. 당시 역비 문제가 불거지자 경종 수라를 담당했던 2명의 궁녀가 의심을 받다가 자살했다.

처음 역비 문제가 거론됐을 때, 경종은 삼사 요구대로 조사하려 하다가 곧 취소했다. 역비 문제를 조사하려면 먼저 궁중 수라간의 궁녀를 조사해야 하고, 다음에는 궁녀 전체로, 그 다음에는 환관으로, 또 그다음에는 의심스런 노론으로, 결국에는 모든 양반 관료로 조사 대상을 확대해야 했다. 이렇게 되면 나라 사람 대부분이 역비 사건에 휘말려 들게 되는데 그렇게 할 수는 없었다. 경종은 독살을 모의한 궁녀도 없었고, 독살 시도도 없었다 하며 조사를 정지시켰다.

그런데 영조 즉위 직후 사헌부에서 새삼스레 역비 문제를 쟁점화했다. 이유는 간단했다. 노론을 재기 불능 상태로 궤멸시키기 위해서였다. 당시 영조가 왕위에 오를 수 있었던 것은 노론의 전폭적인 지지 덕분이었다. 당연히 영조 즉위 후 노론의 재기가 예상됐다. 따라서 소론 입장에서는 노론의 최대 약점이라 할 수 있는 경종 시해 문제를 새삼스레 쟁점화한 것이었다. 경종 시해 문제가 쟁점화되면 될수록 노론은 왕을 시해하려 한 역적으로 몰릴 수밖에 없었다. 그렇게 되면 노론만 역적 집단이 되는 게 아니라 그들의 추대를 받아 왕위에 오른 영조 역시 힘없는 왕으로 전락할 수 있었다.

사헌부에서 이런 상소문을 공제 기간에 올리자 승정원은 아예 보고하지도 않았다. 그러자 사헌부 관료들은 집단으로 사직상소를 올렸고, 영조는 반려했다. 기다렸다는 듯 사헌부에서는 역비 조사를 요구하는 연대 상소문을 연이어 올렸다. 하지만 영조는 다시 조사할 수 없다고 응답했다. 마침내 9월 11일, 사헌부 관료들은 사간원과 홍문관의 관료들과 합세해 영조에게 면담을 요청했다. 이날 오전 10시쯤, 경종의 빈소가 차려진 무망각에서 영조와 삼사 관료들의 면담이 있었다. 삼사를 대표해 대사헌 이명언이 먼저 말문을 열었다.

그는 임금의 원수는 신하에게 불구대천의 원수이고, 그런 원수를 갚지 않으면 인륜과 도덕이 무너져 조선은 짐승 나라가 될 것이라 주장했다. 더 나아가 이명언은 영조가 당시 상황을 잘 몰라 역비 조사를 거부한다고 주장하며 경종 2년에 있었던 역비 문제를 장황하게 설명했다. 그러면서 수많은 노론 인물을 거론했고, 심지어 영조 수라간 궁녀도 거론했다. 그의 주장은 겉으로는 역비 조사 요구였지만, 실제로는 그 역비를 뒤에서 조종한 노론이 역적 집단이라는 뜻이었고, 더 나아가 그런 노론의 추대를 받은 영조가 명실상부 왕의 자격을 가지려면 역비 문제를 엄히 조사해 노론 일당을 숙청해야 한다는 암시이기도 했다. 만약 그렇게 하지 않는다면 영조 역시 노론과 마찬가지로 경종을 시해하려 한 역적에 지나지 않는다는 뜻이기도 했다.

이명언의 공격에 영조는 궁색하기 짝이 없었다. 역비 문제를 조사하라 하면 노론과 자신이 연루될 것이 분명했고, 반대로 조사하지 말라 하면 노론 일당으로 몰릴 것이 분명했다. 영조는 자신 역시 경종의 원수를 원수로 여긴다고 누누이 강조했다. 그러면서도 역비 조사는 절대 안 된다고 못박았다. 영조는 경종이 역비 조사를 정지시킬 때 "그런 일이 없었다"라고 한 것을 들어 사실이 애매한데 조사하는 것은 사리에 맞지 않는다고 대응했다. 하지만 삼사 관료들을 설득시키지는 못했다. 사실인지 아닌지 애매하기에 더더욱 조사가 필요하다 주장했던 것이다.

궁색해진 영조는 이런 말을 듣게 되어 가슴이 찢어지는 것 같다며 "주나라 말년에 겉치레를 숭상하는 폐단이 있었는데, 우리나라도 역시 그러하다. 경종께서 이미 없다고 하셨으니 바로 정지하는 것이 어찌 질박함이 아니냐?"라고 반격했다. 영조는 경종을 위해 복수하겠다는 삼사 관료들이 도리어 경종의 말을 믿지 않는 것은 모순이 아니냐고 따진 것이었지만, 이런 반격은 삼사 관료들의 반발을 부추겼다. 비록 경종이 그런 일이 없었다고 말했더라도 신하된 도리에 시해 주범을 찾아 복수하는 게 당연하다고 주장했다.

흥분한 삼사 관료들은 영조를 압박하던 중에 '신臣 등은'이라고 해야 할 말을 '우리吾輩 등은'이라고 하는 과격한 말을 했다가 사과하기까지 했다. 그들은 무의식중에 '우리 등은'이라고 했지만, 사실 이 말 속에는 소론의 본심이 숨어 있었다. 그들은 영조를 왕으로 인정하지 않았던 것이다. 오히려 경종을 독살하고 즉위한 파렴치한 왕으로 간주했다. 그런 소론과 영조 사이에 타협을 끌어내기는 너무나 어려운 일이었다. 영조는 절대로 역비 조사를 받아들일 수 없다고 버텼고, 삼사 관료들은 받아들일 때까지 물러가지 않겠다며 버텼다. 이렇게 서로 간에 몇 시간을 버티다 점심때가 되어 면담은 종료됐다.

영조와 삼사 관료의 면담은 앞으로 정국이 어떻게 흘러갈지 예고하는 것이나 같았다. 삼사를 필두로 소론은 줄기차게 경종 시해를 쟁점화할 게 틀림없었다. 그것을 통해 소론은 노론에 대한 우위는 물론 영조에 대한 우위를 차지하고 정국을 주도하려 들 것이 확실했다. 경종 시해가 쟁점화될수록 노론과 영조는 수세에 몰릴 게 분명했고, 심지어 영조의 왕권 자체가 의심받는 지경이 될 수도 있었다. 이런 상황에서 벗어나려면 영조와 노론에게 무언가 결정적인 전기가 필요했다.

실제로 9월 11일 면담 이후, 삼사 관료들은 역비 조사를 끊임없이 요구했다. 영조가 거부할 때마다 조사 요구의 강도와 범위는 점점 더 강해졌다. 영조와 삼사 관료들은 마치 마주 달리는 열차처럼 조금의 양보도 없이 폭주했다. 그러던 중 10월 30일 밤중에 천둥이 치고 번개가 번쩍거렸다. 가을도 훨씬 지난 10월 30일에 천둥이 치고 번개가 번쩍거리는 일은 심상치 않은 징조였다. 다음 날 영조는 하늘이 경고하는 의미로 천둥과 번개를 보냈다고 하며, 자신의 잘못이 있으면 기탄없이 말하라는 교서를 반포했다. 조선시대에는 이런 교서를 구언교서求言敎書라고 했다.

이에 부응해 11월 6일 유학 이의연이 상소문을 올렸다. 그는 천둥과 번개가 나타났던 이유는 역적들이 조정에 가득한데도 이들을 몰아내지 않아서라며 그 역적은 바로 소론이라 지적했다. 경종이 잘 판단해 건저대리를 명령했는데, 이를 인정하지 않는 소론이야말로 역적이라는 것이었다. 이의연은 노론계 과격 인사로 소론을 일망타진하기 위해 이런 상소문을 올렸다. 이에 소론 중진들은 가만히 있을 수 없었다. 역적이 아님을 증명하기 위해서는 스스로 사임하거나 이의연의 주장이 틀렸음을 증명해야 했다. 당시 정치 관행에서는 일단 역적으로 몰리면 사임하는 것이 고위 관료의 도리였다. 좌의정 이광좌, 우의정 유봉휘, 이조판서 이조 등 소론계 중진들은 줄줄이 사임했다.

반면 삼사 관료들은 이의연을 노론 역적 앞잡이라 주장하며 엄히 처벌할 것을 요구했다. 이에 반발하는 노론계 유생들의 반대 상소문이 줄을 이어 올라왔다. 정승들은 사직서를 내고, 소론계 삼사 관료와 노론계 유생들의 여론전이 격화되면서 조선팔도 양반들이 양편으로 나뉘어 당쟁을 벌였다. 이는 경종대의 노론과 소론의 권력 투쟁이 재연된 것이나 마찬가지였다. 시간이 흐를수록 권력 투쟁은 더 격렬해졌고 결국에는 무력 투쟁으로까지 번졌다.

소론 과격파는 나라의 대의를 세우고 경종의 원통함을 풀기 위해서라는 대의명분을 내걸고 무력 반란을 모의했다. 그 무력 반란은 심유현, 박필현, 이유익 등으로부터 시작됐다. 그들은 첫 단계로 영조가 경종을 독살했다는 설을 널리 퍼뜨렸다. 한양 도성문과 전국에 나붙은 괘서(掛書, 대자보)를 통해 독살설은 빠른 속도로 퍼져나갔다.

그들은 괘서뿐만 아니라 충격적인 방법까지 동원했다. 영조 1년(1725) 1월 16일, 영조는 경종 왕릉에 제사를 드리기 위해 궁궐을 나섰다. 대궐 앞 다리에 도착하자 갑자기 어떤 사람이 영조가 탄 수레 앞으로 뛰어나왔다. 그는 지난해에 경종이 독살됐다고 소리소리 지르면서 영조를 향해 온갖 욕설을 퍼부었다. 그는 끌려가면서도 계속해서 악을 썼다. 영조를 수행하던 관료들, 그리고 주변에 구경 나온 한양 백성들 모두가 있는 자리였다. 그날 영조에게 욕설을 퍼부은 사람은 이천해였는데, 박필현과 이유익의 사주를 받았다. 이천해는 혹심한 고문을 받으면서도 배후를 자백하지 않고 죽었다.

경종 독살설이 퍼지면서 심유현, 박필현, 이유익에게 동조하는 사람들이 늘어났다. 소론은 물론이고 노론에 불만을 품고 있던 남인들도 적극적으로 동참했다. 영조 3년(1727)이 되자 한양과 경기도뿐만 아니라 충청도, 경상도 등에서도 많은 사람들이 합류했다. 충청도 이인좌 형제, 경상도 정희량 등이 경종의 복수에 공감하며 반란에 참여했다. 반란 주동자들은 10만 명은 충분히 동원할 수 있다 장담하며 세를 불려나갔다. 1,000명의 양반이 모일 경우, 각자의 집에 딸린 남자 종들만 동원해도 수만 명이 간단히 넘는다는 계산이었다.

영조 3년 가을에는 도성을 공격할 방법과 각자의 역할 분담까지 논의됐다. 지방에서 먼저 거사하면 한양에서 내응하기로 했는데 충청도는 이인좌, 경상도는 정희량, 전라도는 박필현이 주동하기로 했다. 한양에서는 이유익, 이하, 이사성, 남태징 등이 호응하기로 했다. 충청도, 경상도, 전라도 등지에서 일시에 거사하고 한양 내응자들은 도성 정예병들이 지방으로 출동한 틈을 타 궁궐을 점령하기로 했다.

그러나 전국을 무대로 반란 모의가 진행되다 보니 비밀을 지킬 수 없었다. 한양에도 반란 소문이 퍼져 피난 가는 사람들이 줄을 이었다. 영조 4년(1728) 3월 12일에는 수원부사 송진명이 반란 징조가 파다하다고 보고했으며, 3월 14일에는 봉조하 최규서가 고변을 했다. 영조는 도성문과 대궐문에 파수병을 증강시키고 한강나루 등에 매복병을 배치하게는 했지만, 그렇게 심각한 상황으로 인식하지는 않았다.

한편 충청도의 이인좌는 반란과 동시에 청주를 점령할 계획을 세웠다. 이인좌와 합세하기 위해 경기도에서 300여 명의 반란군들이 청주 주변에 집결했다. 그들은 의심을 피하기 위해 장례 행렬처럼 꾸미고 상여 속에 무기를 실어날랐다. 이인좌 자신도 군사들을 모으는 한편, 청주성 안에서 내통자를 포섭했다. 군인, 서리 등 중인층은 대부분 이인좌에게 포섭당했다. 3월 15일 한밤중에 이인좌가 거느린 반란군 수백여 명이 청주성을 기습했다. 그들은 독살된 경종을 애도한다는 뜻에서 상복을 입었다. 성문은 이미 내통자들이 열어놓은 상태였다. 함성을 울리며 성내로 돌입하는 반란군들은 아무런 저항도 받지 않았다.

이인좌는 청주성을 함락시키기는 했지만 얼마 버티지 못하고 진압군에게 제압됐다. 이인좌의 반란은 영조를 큰 충격에 빠뜨렸다. 그동안 당쟁이 격렬하기는 했지만 논쟁으로만 진행돼 왔다. 하지만 이인좌의 난은 논쟁이 아닌 전쟁이었다. 노론과 소론 사이의 권력 투쟁이 말싸움을 넘어 무력 대결로까지 치달은 것이었다. 특단의 대책이 없다면 조선팔도 양반들 전체가 전쟁을 벌일 판이었다. 그렇게 된다면 양반국가 조선은 멸망할 수밖에 없었다.

붕당, 사치, 음주를
경계하라

영조가 즉위한 지 2년째 되던 1726년 10월 13일 새벽, 경종 부묘제祔廟祭가 치러졌다. 오후에는 국상 종료 기념 축하 의식 이 창덕궁 인정전에서 거행됐다. 축하가 끝난 후, 영조는 사관 을 보내 좌의정 홍치중, 우의정 조도빈, 영부사 민진원 등 원로대신들을 인정전 안으로 불렀다. 영부사 민진원이 "성례가 끝나자마자 신 등을 인정전 안으로 부르셨으니 전하께서 하교하실 일이 있으신가요?"라고 묻자 영조가 대답했다. "부묘를 막 끝내고 축하를 받으니 비통한 마음이 더욱 절실하다. 나는 부족한 덕으로 선왕의 크나큰 부탁을 받았으니 두려운 마음이 밤이나 낮이나 늦추어지지 않는다. 하물며 지금 3년

국상이 끝났으니 바로 내가 맨 처음으로 하는 국정이다. 군신 사이에 서로가 공경하는 도리가 없을 수 없기에 이제 세 가지 경계를 가지고 한 장의 글을 만들었으니 경들은 의정부로 가지고 가서 팔도에 반포하라."

경종 국상 후 최초로 반포된 이 교서에는 영조의 현실 인식과 통치 이념이 압축되어 있었다. 교서에 언급된 세 가지 경계란 '계붕당戒朋黨', '계사치戒奢侈', '계숭음戒崇飮'이었다. 영조는 '붕당', '사치', '숭음'을 가장 심각한 국가적 현안으로 인식하고 이에 대한 경계의 의미로 계붕당, 계사치, 계숭음을 제시했던 것이다. 이 세 가지 중에서도 가장 심각한 문제는 붕당 간 당쟁이었다. 선조 8년(1575) 동서 분당으로 시작된 당쟁은 150여 년에 걸쳐 내려오면서 점점 더 격렬해졌다. 영조가 붕당을 경계한다는 계붕당을 첫 번째 국정 현안으로 제시한 것은 당연했다.

영조는 붕당 폐해에 대해 "당습이 앞서고 공도가 어두우며, 전철前轍이 분명한데도 후철後轍이 경계하지 않으니 두려움을 이길 수 있겠는가?"라면서 "대소 신료들은 내가 맨 처음 국정을 담당하는 이때에 통절하게 사심을 제거하고 공심을 다하기로 힘쓴다면 어찌 우리나라의 행복이 아니겠는가?"라고 당부했다. 하지만 영조의 노력에도 불구하고 붕당 간 정쟁이 사라지기는커녕 무력 투쟁으로까지 악화됐다. 영조가 성공한 왕이 되려면 무엇보다도 노론과 소론의 정쟁에서 벗어나야 했고, 그러기 위해서는 노론과 소론을 통합시켜야 했다. 영조는 몇 가지 방법을 통해 통합을 이루고자 했다.

첫째는 노론과 소론의 당리당략에 집착하는 사람들을 사심 또는 불의에 매몰된 소인으로 비난하고, 국가와 왕을 염려하는 사람들을 공심 또는 정의를 추구하는 군자로 칭송하는 방법이었다. 이러한 근거는 『논어』 "군자주이불비君子周而不比 소인비이불주小人比而不周"라는 구절에 있었다. '군자주이불비'는 '군자는 두루 친하지만 파당을 짓지 않는다'는 의미고, '소인비이불주'는 '소인은 파당을 짓지만 두루 친하지 않는다'는 뜻이다. 당시 노론과 소론을 비롯해 남인, 북인 등으로 갈라진 양반 관료들은 다른 당파 사람들과는 상종하려고도 하지 않았다. 심지어 다른 당파 주장은 옳고 그름을 떠나 당파가 다르다는 이유만으로 무조건 반대하거나 비난했다. 분위기가 그러하니 더 과격하게 반대하거나 비난하는 사람이 영웅시되곤 했다.

이런 상황에서 국가나 왕을 위해 당파 간에 협력하거나 통합하자고 주장하는 사람은 배신자 또는 어용御用으로 몰리곤 했다. 영조는 상황을 반전시키기 위해 거꾸로 당리당략을 추구하는 사람을 소인, 국가를 염려하는 사람을 군자로 구분했던 것이다. 영조에 의해 국가를 염려하는 사람이 군자로 적극 칭송되면서, 당파 간에 협력하거나 통합하자고 주장하는 사람이 배신자나 어용으로 몰리는 분위기도 약화됐고, 반대로 당리당략에 몰두하는 사람이 영웅시되는 분위기도 많이 수그러들었다.

둘째는 민생을 전면에 내세우는 방법이었다. 영조 당시 노론과 소론 간 정쟁의 뿌리는 선조대의 동서 분당까지 올라간다. 선조 8년의 동서 분당으로 시작된 당파 간 정쟁은 선조를 거쳐 광해군, 인조, 효종, 현종, 숙종, 경종을 거쳐 영조대까지 장장 150여 년을 지속돼 왔다. 그사이 민생은 도탄에 빠졌지만 양반 관료들은 민생에는 아랑곳없이 정쟁 자체에만 몰두했다.

정쟁이 격화되면서 민생을 구제하기 위한 대안을 제시하는 사람보다는 상대 당파를 통렬하게 공격하는 사람이 영웅시됐다. 서로 간에 자극적이고 극단적인 언어로 상대 당파를 공격하면서 각 당파는 원수처럼 멀어졌다. 각 당파가 힘을 합쳐 민생에 힘쓰자는 생각 자체를 하기가 어려운 상황이었다. 그런 말을 꺼내는 순간 배신자로 낙인찍혀 생매장됐기 때문이다. 이에 따라 정쟁이 심화될수록 자극적이고 극단적인 언어가 난무하고 당파 간 거리가 멀어졌으며 그럴수록 민생이 어려워지는 악순환이 반복됐다. 이런 악순환을 보며 정쟁보다는 민생에 힘쓰는 것이 양반 본래 임무라는 자각이 관료들 사이에 퍼져나갔다. 그들은 당파 사이의 화합과 협력을 강조했으며, 그러한 입장을 탕평蕩平이라는 말로 정당화했다.

성리학은 본래 백성과 민생을 위한 학문이었다. 예컨대 맹자는 왕은 사직을 위해 존재하고, 사직은 백성을 위해 존재하기에 백성을 위하지 않는 왕은 축출해야 한다고 주장했다. 양반 관료는 바로 백성을 위해 존재하는 왕을 보좌하는 존재였다. 그런 양반들이 백성의 민생에는 눈길도 주지 않은 채 자기들끼리의 정쟁에만 몰두하는 것은 분명 본말이 전도된 처사였다. 영조는 바로 이런 흐름을 간파하고 민생을 전면에 내세움으로써 정쟁을 억제하고자 했던 것이다.

셋째는 극단적인 주장을 펼치는 노론과 소론 과격파를 제거하고, 양측의 화합과 협력을 추구하는 탕평파를 전면에 내세우는 방법이었다. 영조는 탕평파 신료들을 중용하면서 '황극탕평皇極蕩平'을 강조했다. 황극탕평은 『서경書經』에 수록된 홍범구주洪範九疇의 하나인 황극皇極을 "무편무당無偏無黨 왕도탕탕王道蕩蕩 무당무편無黨無偏 왕도평평王道平平"이라고 해설한 것에서 따온 말이다. 오늘날의 말로 "편당이 없으면 왕도가 탕탕하고 평평하다"라는 뜻이다. 왕이 어느 당파에도 치우치지 않고 공평무사하게 대해야 왕도가 제대로 설 수 있다는 것이다.

영조에게 탕평은 '주이불비'한 공심의 다른 말에 지나지 않았다. 반면에 편당, 즉 정쟁은 '비이불주'한 사심이었다. 영조는 정쟁을 잠재우고 정치적 통합을 이루려면 주이불비한 공심을 부흥시키고, 비이불주한 사심을 잠재워야 하며, 그 역할을 다른 사람이 아니라 바로 왕이 해야 한다고 믿었다. 영조에게 탕평은 왕권을 강화하는 방편이기도 하고, 정치적 통합을 상징하는 말이기도 했다.

본래 『서경』의 홍범구주는 현인 기자가 중국 주나라 건국 시조인 무왕에게 전수한 천하 통치의 아홉 가지 비결이었다. 그것은 첫째 오행五行, 둘째 오사五事, 셋째 팔정八政, 넷째 오기五紀, 다섯째 황극, 여섯째 삼덕三德, 일곱째 계의稽疑, 여덟째 서징庶徵, 아홉째 오복五福과 육극六極이었다.

첫째 오행은 '수, 화, 목, 금, 토 오행의 순리에 따른다'는 뜻이다. 둘째 오사는 '모貌, 언言, 시視, 청聽, 사思의 다섯 가지로서 공경을 일으킨다'는 뜻을 담고 있다. 셋째 팔정은 '식食, 화貨, 사祀, 사공司空, 사도司徒, 사구司寇, 빈賓, 사師의 여덟 가지로 농업을 부흥시킨다'는 뜻이다. 넷째 오기는 '세歲, 월月, 일日, 성

신星辰, 역수曆數의 다섯 가지로서 돕는다'는 의미다. 다섯째
황극은 '임금이 인륜 도덕과 정치의 기준을 세운다'는 뜻이
다. 여섯째 삼덕은 '정직正直, 강극剛克, 유극柔克의 세 가지로서
대상에 맞게 다스린다'는 말이다. 일곱째 계의는 '점복으로 큰
의심을 물어 해결한다'는 뜻이다. 여덟째 서징은 '여러 가지
징조로서 밝힌다'는 의미다. 아홉째 오복과 육근은 '수壽, 복
福, 강녕康寧, 유호덕攸好德, 고종명考終命의 다섯 가지 천복과 흉
단절凶短折, 질疾, 우憂, 빈貧, 악惡, 약弱의 여섯 가지 저주'라는
뜻이다.

이 아홉 가지 비결 중에서 다섯 번째인 황극, 즉 임금이 인
륜 도덕과 정치의 기준을 세우는 방법이 바로 '무편무당'이었
다. 군주가 무편무당하게 황극을 세우면 왕도가 바로 서고 그
렇게 되면 하늘이 내리는 다섯 가지 천복을 받는다는 것이 홍
범구주의 가르침이었다. 그렇게 하지 못하면 천복이 아니라
여섯 가지 저주를 받는다고 했다.

영조에게 황극탕평은 다섯 가지 천복을 받는 방법일 뿐만
아니라 노론과 소론, 남인 등 전체 양반의 왕이 되는 방법이
기도 했다. 영조는 당파로 분열되기 이전에 그들은 모두 사림
파였다는 사실을 강조했다. 그래서 무편무당한 마음으로 그
들 개개인의 능력과 재능을 골고루 쓰고자 했다. 영조는 스스

로 공평무사한 황극이 되고자 노력하면서 노론과 소론 그리고 남인에게는 충성스런 신하가 되기를 요구했던 것이다.

정쟁보다는 민생을 강조한다는 면에서 영조와 탕평파의 생각은 일치했기에 수월하게 협력할 수 있었다. 영조가 노론과 소론 과격파를 제거하기 시작한 때는 바로 이의연의 상소문으로 촉발된 소론과 노론의 정쟁을 수습하면서부터였다. 처음에 영조는 이의연의 상소문을 돌려주는 선에서 마무리지으려 했다. 하지만 과격파 소론이 가만히 있지 않았다. 그들은 이의연을 엄히 신문하고 배후를 찾아내 뿌리를 뽑아야 한다고 주장했다. 노론과 소론 과격파는 서로 상대방을 역적으로 몰아가며 끝장을 보자는 식으로 나왔다. 이런 과격파들 사이에서 영조는 어쩔 줄을 몰라 하다가 결국에는 양쪽의 과격 인사들을 공평하게 숙청하고, 그 대신 양측의 온건 인사들을 공평하게 등용하는 정책을 추구했다.

그 첫 번째 조치가 바로 이의연과 김일경을 엄벌에 처하는 것이었다. 노론과 소론의 대표적인 과격파 이의연과 김일경이 절도에 귀양 가자 양측 사이의 정쟁은 한동안 잠잠했다. 이후 영조는 노론과 소론이 정쟁을 벌이면, 정쟁을 주도한 대표 인물을 공평하게 처벌하고, 그 대신 화합을 주장하는 대표 인물을 공평하게 등용하곤 했다. 이를 양치양해兩治兩解 또는 쌍거호대雙擧互對라고 한다. 양쪽을 공평하게 다스리거나 양쪽을 공평하게 풀어준다는 뜻의 양치양해 또는 쌍거호대는 일종의 연좌제로서, 영조는 이를 통해 노론과 소론 과격 인사들을 억제하고자 했던 것이다.

사실 양반들이 노론, 소론, 남인 등 여러 당파로 갈려 사생결단식으로 투쟁하는 상황에서 그들을 통합하는 방법은 황극탕평 외에는 달리 없었다. 무편무당한 마음으로 관료 개개인의 능력과 재능을 골고루 쓰지 않는다면 어느 당파도 심복하지 않을 것이었다.

절대 권력,
이조전랑권을 혁파하다

조선시대 이조전랑吏曹銓郎은 이조의 정오품 관직인 정랑正郎
과 정육품 관직인 좌랑佐郎을 합해 부른 이름인데 정랑이 3명,
좌랑이 3명 총 6명이었다. 이들 6명은 비록 오품과 육품의 하
급 관료였지만 권력이 막강했다. 삼사 관료의 인사권이 이들
이조전랑에게 있었기 때문이다.

　당시 삼사 관료를 청요직清要職이라 불렀는데, 청직清職과
요직要職이 합쳐진 말이었다. 왕과 관료의 잘못을 감찰하고
국가 기강을 유지하는 삼사 관료는 깨끗한 관직일 뿐만 아니
라 중요한 관직이었기에 청요직이라 불렀던 것이다. 청요직
에 대한 추천권을 '통청권'이라 했는데, 그 통청권을 이조전랑

이 행사했다. 뿐만 아니라 이조전랑은 자신의 후임자도 추천할 수 있는 권한을 행사했는데, 그것을 자천권自薦權이라고 했다. 이조전랑의 통청권과 자천권을 통칭해 '이조전랑의 권한'이라는 의미에서 '전랑권銓郎權'이라고 했다.

예컨대 삼사 관료 중 하나인 홍문관 관료가 되려면 먼저 현직 홍문관 관료들의 추천을 받아 홍문록弘文錄에 명단이 올라야 했다. 홍문관에 결원이 생기면 홍문록이 이조에 전달되는데, 이때 이조전랑은 홍문록 중에서 홍문관 관료에 적합한 후보자를 골라 이조록吏曹錄을 작성했다. 이 이조록에 근거해 홍문관 관료가 선발됐다. 따라서 홍문관 관료가 되려면 반드시 이조전랑의 추천을 받아야 했다. 사헌부 관료와 사간원 관료 역시 이조전랑의 통청권을 통해 임명됐다. 이에 따라 이조전랑은 홍문관을 비롯해 사헌부, 사간원 등 삼사 관료 임명에 막강한 영향력을 행사하는, 정승에 버금가는 권력을 가졌다. 이건창은 『당의통략黨議通略』에서 이렇게 기술했다.

무릇 내외의 관리를 임명하는 인사권은 이조에 있는데, 이조판서의 인사권이 너무 커질까 염려해 삼사三司 관원을 추천하는 권한은 이조전랑에게 맡겼다. 그러므로 이조전랑인 정랑과 좌랑이 대간을 추천하는 인사권을 주장하게 되었다. 이조전랑은 만약 삼정승과 육조판서에게 조금이라도 불미스러운 일이 있다고 판단되면, 곧바로 삼사의 여러 관원을 시켜 논박하게 했다. 우리나라의 조정에서는 염치를 숭상하고 명망을 중하게 여기는 풍속이 있다. 이에 대간으로부터 한 번이라도 탄핵당하면 그 관직을 내놓지 않을 수 없다. 이 까닭에 이조전랑의 권세는 삼정승과 비슷하다.

이조전랑이 승진하거나 전임할 경우에는 자신의 후임자를 추천하고 떠났다. 그러면 이조판서나 이조참판이 추천된 후임자를 대상으로 전랑을 임명했다. 보통의 경우, 당파 간 갈등을 조정하기 위해 먼저 추천된 사람을 당파별로 돌아가면서 임명했다. 따라서 판서나 참판의 임명은 형식적이었고 실제는 전랑의 자천이 결정적이었다. 이런 통청권과 자천권을 통해 조선 후기 이조 정랑과 좌랑은 정승 판서를 능가하는 권력을 휘둘렀다.

전랑권이 왕도 어쩔 수 없을 정도로 강력해지자 이조전랑은 선조대 사림파 모두에게 선망의 대상이 됐다. 동서 분당도 따지고 보면 이조전랑에 대한 선망이 빚어낸 갈등이었다. 당시 율곡 이이는 동인과 서인의 갈등을 없애기 위해 전랑권을 없애자고 건의하기도 했다. 하지만 전랑권은 사림파가 훈구파와 100여 년에 걸친 투쟁 끝에 얻어낸 성과였기에 포기할 수 없었다.

인조대에 절충안으로 이조전랑의 자천권은 폐지됐지만 통청권은 유지됐다. 그러면서 전랑권은 편법적으로 운영됐다. 전랑이 추천한 홍문관 관료가 홍문관에서 근무하다가, 그들 중에서 일부가 전랑으로 승진해 오는 방식이 그것이다. 전랑으로 승진해 올 때 혹 갈등이 발생할까 우려해 먼저 추천된 순서대로 승진해 오는 것이 관행으로 굳어졌다. 이 결과 형식적으로 보면 이조전랑의 자천권은 없어졌지만 실제적으로는 통청권을 통해 자천권이 유지됐다. 이렇게 강력한 전랑권의 여파는 150여 년에 걸쳐 당쟁으로 이어져 나갔다.

영조 역시 전랑권 문제에 대해 충분히 알고 있었으나 섣불리 전랑권을 손볼 수는 없었다. 문제가 적지 않음에도 불구하고 전랑권은 선조대부터 영조대까지 지속된 사림정치의 골격이었다. 그런 전랑권을 건드렸다가는 선왕의 법도를 훼손한다는 비판을 받을 수밖에 없었다. 영조는 때를 기다리며 기회를 엿보았다.

영조 15년(1739) 5월에 이조 좌랑에 결원이 생기자 노론과 소론 사이에 격렬한 경쟁이 벌어졌다. 당시 이조판서 조현명은 소론이었는데 심악이라는 사람을 지지했다. 반면 이조참의 신만은 노론이었고 민통수를 지지했다. 노론과 소론은 한 치의 양보도 없이 대립했고 몇 달이 지나도록 합의점을 찾지 못했다.

 조선시대 이조에서 전랑을 제때 임명하지 못하면 연쇄적인 문제가 발생했다. 6월과 12월의 인사행정을 이조에서 주관해 시행하는데, 전랑이 없으면 삼사 관료는 물론 당하관에 대한 인사행정이 불가능했다. 이번에도 그런 상황이 벌어졌다. 이조판서와 이조참의가 후임 좌랑을 놓고 합의점을 찾지 못하자 삼사 관료는 물론 당하관에 대한 인사행정이 불가능해졌다. 이렇게 되면 왕이 직접 인사행정을 처리할 수밖에 없었다. 삼사 관료도 아닌 당하관에 대한 인사행정까지 직접 처리하면서 영조는 전랑권의 문제점을 심각하게 느낄 수밖에 없었다.

 영조 17년(1741) 4월 18일, 영조는 희정당에서 열린 경연에 참석했다. 경연이 끝나자 영조는 갑자기 "나는 지금 이조 전랑권을 혁파하려고 생각 중이다"라고 공포했다. 이 발언으로 미루어보면 전랑권 혁파를 이미 결심한 영조는 중신들의 반응이 궁금했던 게 분명하다. 그때 이조참판 정우량은 "전하의 이 명령은 진실로 국가 만세의 복입니다. 선정신先正臣 율곡 또한 상소문에서 전랑의 자천권 혁파를 건의했습니다. 그 뒤 인조 때 전랑의 자천권은 혁파했지만 통청권이 있었습니다. 전랑권 폐단을 여러 신하들이 언급했는데, 당론의 근원이

실로 전랑권에서 일어났습니다"라며 찬성을 표시했다. 이에 고무된 영조는 "조정의 좋은 법과 아름다운 제도가 모두 사라졌으니, 전랑권 한 가지만 고수할 필요가 없다"라고 대답했다. 뒤이어 발언한 중신들도 반대는 없고 모두 찬성했다.

당시 영조와 탕평파 중신들은 전랑권 폐단을 심각하게 고민했던 것이 확실하다. 다만 전랑권 전통이 150여 년이나 됐기에 영조나 탕평파 중신들이 섣불리 거론하지 못했던 것이다. 그러다가 영조가 전랑권 혁파를 거론하자 기다렸다는 듯이 찬성했을 것이다.

자신감을 얻은 영조는 다음 날 주강에서 명령을 내렸다. "문신 관료의 당습은 단지 이조전랑의 손에 달려 있으니 당습을 없애려면 먼저 근본을 바로잡아야 한다. (…) 이조전랑의 통청권을 먼저 혁파하고, 필요한 절목은 대신과 당상관들이 널리 고사를 참조하여 보고하라." 이 명령에 따라 영의정 김재로, 좌의정 송인명, 우의정 조현명, 이조판서 민응수, 이조참판 정우량 등이 '이조낭선이혁절목吏曹郎選釐革節目'을 마련해 4월 22일에 보고했다.

이 절목은 총 9조로 이뤄져 있는데, 가장 중요한 절목은 제1조와 제2조였다. 제1조는 "삼사 관료 후보자를 추천할 때, 이조전랑의 이조록과 통청권을 지금부터 혁파한다"였다. 여기에 등장하는 이조록은 기왕에 삼사 관료를 임명할 때, 이조전랑이 삼사에서 추천된 후보자 명단을 참조해 다시 추천한 사람들 명단이다. 이 이조록을 통해 이조전랑의 통청권이 행사됐기에, 이조록과 통청권을 혁파한다는 뜻이었다. 이렇게 되면 삼사 관료는 삼사 자체에서 추천하고 이조전랑은 전혀 간여하지 못하기에 통청권은 자연히 없어진다. 통청권이 없어지면 이조전랑권이 사라지는 셈이었다.

제2조는 "전랑은 모두 홍문관 관원을 순번에 따라 임명하며 비록 참판이 혼자 처리하더라도 궐원闕員에 따라 임명한다"였다. 기왕에 이조전랑은 전임 이조전랑의 추천을 받은 홍문관 관원 중에서 이조판서와 이조참판의 합의로 임명됐다. 만약 합의가 이루어지지 않을 경우 끊임없는 갈등을 일으켰다. 이런 문제를 해결하기 위해 이조낭선이혁절목에서는 이조전랑의 통청권을 부정하고, 대신 홍문관 관료를 순번에 따라 임명하되 판서와 참판의 합의 없이도 임명할 수 있게 했던 것이다. 이렇게 되면 편법적으로 운영되던 이조전랑 자천권이 없어진다.

이조낭선이혁절목에 따라 이조전랑의 자천권과 통청권은 혁파됐다. 전랑권 혁파는 지난 150여 년간 지속되던 사림정치의 골격을 바꾼 획기적인 사건이었다. 사림정치 시기 전랑권은 대신과 당상관들의 권력은 물론 왕권을 견제하는 긍정적 역할을 했지만, 당쟁의 온상이 되기도 했다. 영조는 전랑권을 혁파함으로써 대신과 당상관은 물론 삼사 관료에 대한 장악력을 키웠고, 그 장악력을 바탕으로 황극탕평을 더욱 강력하게 추진했다. 황극탕평을 통해 노론과 소론의 정쟁은 크게 약화된 반면 화합과 협치는 강화됐다. 화합과 협치의 힘은 균역법, 공상제도 개혁, 진상제도 개혁 등 영조 후반의 수많은 민생 개혁이 가능하게 했다.

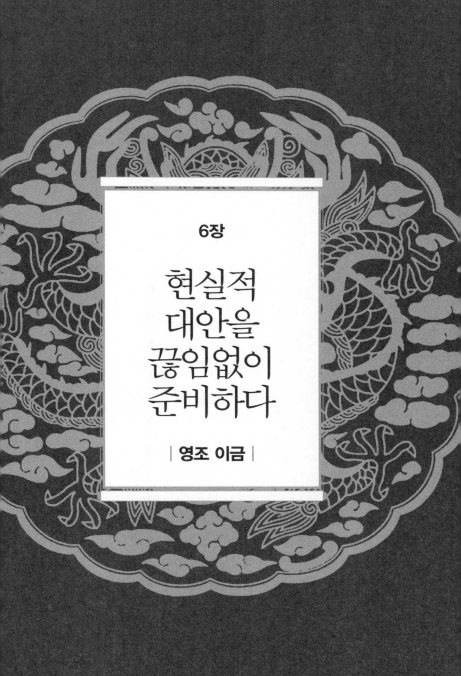

6장

현실적
대안을
끊임없이
준비하다

| 영조 이금 |

조선시대의
국방체제

조선시대에는 16세 이상 60세 이하 젊은 남자를 장정_{壯丁}이
라고 불렀다. 장정은 군보_{軍保}로 편성되어 군적에 등재됐는데,
국방 의무를 담당하는 장정은 바로 이들 군보였다. 군보가 담
당하는 국방 의무를 군역이라 했다.

그런데 조선시대는 신분제 사회였고 노비는 인간으로 취
급하지 않았기에 노비는 국방 의무도 없었다. 그런 면에서 군
보는 국방을 담당하는 신성한 의무자이자 양인임을 증명하는
표시이기도 했다. 이론적으로 노비를 제외한 모든 장정은 군
보였다. 조선시대 국방력은 이들 군보에게 달려 있었다. 군보
가 많으면 국방력이 강해졌고 적으면 국방력이 약해졌다.

조선 건국 후 1년 만인 태조 2년(1393)에 평안도와 함경도를 제외한 조선 6도의 군보 실태를 조사했다. 그 결과 군보는 총 20만 800여 명이었고, 그 외 양반 자제나 향리 등이 10만 500여 명이었다. 이들을 합하면 30만 1,300명이 넘었다. 여기에 평안도와 함경도의 장정을 포함하면 약 40만 명이었다. 40만 명의 양인 장정이 조선 건국 직후의 군역 대상자인 군보였다.

이들 중에서 양반, 향리, 성균관과 향교 학생 등은 현직 관료 또는 학생이라는 이유로 군보에서 면제됐다. 면제된 인원은 약 10만 명이었다. 총 40만 양인 장정 중에서 10만이 면제됐다는 것은 면제 비율이 25퍼센트라는 의미다. 결코 적은 비율이라 할 수 없지만, 이들은 양반 관료 국가를 운영하기 위한 최소한의 인원으로 간주되어 국방 의무를 면제받았다. 나머지 30만 장정만 효과적으로 활용해도 국방에는 문제가 없었다. 게다가 인구수가 점점 늘어나면서 군보도 같이 늘어났다. 태종 연간에는 면제자를 제외한 군보 총수가 약 40만이었고, 세종 연간에는 45만, 성종 연간에는 50만까지 늘었다.

조선 전기 국방군은 50만 군보를 기반으로 정군正軍과 봉족奉足 두 가지로 나뉘었다. 정군은 군보 중에서 징발되어 국방 현장에서 복무하는 정식 군인이었다. 반면 봉족은 징발되지 않고 정군을 보조하는 군인이었다. 정군과 봉족의 비율은 정군 1명에 봉족 2.5명 정도였다. 따라서 50만 군보 중에서 약 15만은 정군이고 나머지 35만은 봉족이었다.

15만 정군 모두가 국방 현장에서 복무한 것은 아니고 순번을 정해 돌아가면서 복무했다. 따라서 15만 정군 중에서 상비 병력으로 복무하는 정군은 그리 많지 않았다. 조선 전기에는 5만 정도가 상비 병력으로 복무했는데, 한양의 중앙 상비군이 1만 내외, 지방 상비군이 1만 5,000, 그리고 수군 상비군이 2만 5,000 정도였다. 상비 병력의 복무 기간은 1년 중 약 2개월이었다. 상비 병력 5만이 복무하는 동안 나머지 정군 10만은 대기 상태였다.

전쟁이나 내란 같은 비상사태가 발생하면 우선 대기 중인 10만 정군을 징발했다. 그러면 상비 병력은 총 15만까지 증원될 수 있었다. 이 병력으로 부족하면 다시 35만의 봉족을 징발해 50만까지 증원시킬 수 있었다. 최후의 순간에는 노약자와 노비, 양반, 학생 등 모든 남자를 징발하면 100만 이상의 병력 동원도 가능했다. 조선시대 국방체제에서는 5만 상비 병력과 10만 예비 병력을 유지했고, 이들을 유지하는 데 드는 비용을 35만 봉족으로 해결함으로써 최소한의 국방비 지출과 탄력적 병력 동원이라는 강점을 가졌다.

정군이 국방 현장에서 복무하는 동안 봉족은 정군에게 필요한 군장 또는 생활비 등을 부담했다. 조선 전기에 봉족 1명이 부담하는 비용은 대체로 2필이었는데, 이를 군포라고 했다. 하필 포로 한 이유는 그것이 현찰과 같았기 때문이다. 정군은 봉족에게 받은 포를 이용해 이것저것 필요한 물품을 마련하고 생활비로도 썼다. 그렇게 한 달 동안 필요한 비용이 대략 2필이었다. 정군은 보통 2개월을 복무하므로 그동안 필요한 포는 총 4필이었다.

　　군포 1필은 쌀 6두 또는 벼 15두로 환산됐다. 정군은 복무 기간 중 매달 군포 2필을 두세 명의 봉족에게 받아 생활했다. 쌀로 환산하면 12두, 벼로는 30두였다. 정군에게 군포는 생활비이기도 하고 월급이기도 했다. 정군 1명당 두세 명의 봉족이 정군의 한 달 생활에 필요한 군포 2필을 공동 부담하므로 결국 각자 1필 정도만 내면 됐다. 이렇게 두 달을 내므로 연간 부담은 총 2필이다. 벼 30두는 경작지 1결에서 세금으로 내는 양과 같았다. 요컨대 조선 전기 봉족 1명은 정군을 위해 경작지 1결에 해당하는 세금을 매년 지출해야 했다.

　　이런 경비는 국방비이고 국가에서 부담해야 하지만 그 부담을 봉족이 떠맡았던 것이다. 이 편이 국가에 유리했고 봉족에도 유리했다. 국가는 국방비를 대폭 줄일 수 있어서 좋았고,

봉족은 현장 복무를 돈으로 대신할 수 있어서 좋았다. 게다가 조선시대 봉족은 정군의 아들이나 사위, 동생, 조카 중에서 선정했으므로 봉족의 군포는 결국 아버지나 형님 또는 장인에게 바치는 것이었다. 이렇게 보면 봉족이 부담하는 군포는 사실상 가족 부양비나 매한가지였다.

또한 아버지와 세 아들이 군보에 들면 그중 1명을 면제해 주었다. 이는 한 집에서 부담하는 군보를 최대 3명으로 제한했다는 뜻이다. 군보가 3명일 경우 1명이 정군이 되고 2명이 봉족이 되는데, 그렇다면 한 집에서 부담하는 군포는 연간 최대 4필이 된다. 이를 쌀로 환산하면 24두, 벼로는 60두, 즉 4석이었다. 물론 적지 않은 규모지만 장정 서너 명이 있는 가정이라면 이 정도는 감당할 수 있었다.

하지만 이런 계산은 50만 군보가 모두 정군과 봉족으로 편성되어 있을 때만 해당된다. 혹시라도 누군가가 군보에서 빠지면 상황은 확 달라진다. 군보에서 인원이 빠질 경우, 누군가를 대신 넣지 않으면 군보 총수는 축소될 수밖에 없다. 군보 총수의 축소는 정군 축소와 봉족 축소로 이어지고 이는 결국 국방력 약화로 이어진다. 그래서 조선 전기에는 군보 총수를 고정시키고 엄격하게 관리했다.

조선이 건국된 지 100년이 넘자 인구는 크게 늘고 국내외 상황도 안정됐다. 당연히 군보 총수도 늘어났다. 반면 병력 수요는 줄어들었다. 이런 상황이 오히려 병력 운용에 큰 문제를 불러왔다. 예를 들어 국방에 필요한 군보가 50만인데, 인구가 늘어 군보가 60만이 됐다면 10만 군보는 잉여가 된다. 여기다 병력 수요까지 줄어 실제 국방에 필요한 군보가 40만이라고 하면 총 20만의 잉여 군보가 발생한다. 이 20만 잉여 군보를 어떻게 처리할 것인가?

첫 번째 방법은 국방력 강화라는 측면에서 상비 병력을 늘리는 것이다. 하지만 평화시에는 그렇게 할 이유가 없다. 그렇다면 두 번째 방법으로 정군의 복무 기간을 두 달에서 한 달로 줄일 수 있다. 이것도 문제인 것이 복무 기간이 너무 짧으면 전투 병력으로서의 가치가 약화된다. 그렇다고 군보 자체를 축소시키면 국방력 약화로 이어지기에 그렇게 할 수도 없었다.

처음에 조선 정부는 정군으로 징발된 군인들을 국방과 관계없는 곳에 복무시키는 방법을 썼다. 예를 들어 관청이나 향교 또는 서원에 배치해 잡일을 시키는 것이었다. 당시 조선 정부는 유교정책을 강력하게 밀어붙이고 있었다. 넘치는 군보를 향교나 서원에 배치함으로써 잉여 군보도 해결하고 유교정책도 추진하고자 했던 것이다.

아울러 조선 정부는 유교 윤리를 모범적으로 실천한 장정들을 군보에서 면제시키기도 했다. 병든 부모를 위해 손가락을 자르거나 살을 떼어낸 장정들을 효자로 칭송하면서 군보에서 면제시켰던 것이다. 이는 조선사회에 유교문화를 확산시키기도 했지만 합법적인 면제의 길을 터주는 역효과를 불러오기도 했다. 급기야 조선 정부는 잉여 군보로부터 돈을 받고 군복무를 면제시키는 일까지 합법화시켰다.

군보 폐단의 본질

군역을 대신 복무하는 사람은 당연히 돈을 받았다. 그에게는 정군이 매달 받는 군포 2필에 더해 약간의 사례비를 추가로 주어야 했다. 여기에 대체 복무자를 소개해준 사람에게도 사례비를 줘야 했고, 부대의 실무자에게도 무마 비용을 줘야 했다. 이 결과 다급한 사정이 있는 정군이 복무에서 면제되려면 한 달에 4~5필의 포를 지불해야 했다. 이런 일들은 비공식적으로 은밀하게 진행됐는데 그 비용은 천차만별이었다.

조선 정부는 바로 그 방군수포放軍收布를 공인하고 가격도 공식화했다. 공식화된 가격은 봉족의 부담에 기준해 연간 포 2필이었다. 쌀로 환산하면 12두, 벼로는 30두였다. 문제는 방군수포의 가격만 공식화했지 몇 명을 어떤 방식으로 군역에서 면제시킬지는 완전히 부대장의 재량에 맡겼다는 사실이다.

각 부대장들에게 방군수포는 크나큰 돈벌이였다. 예를 들어 1명의 정군을 방군하면 2명의 봉족에게 받는 포 4필을 비롯해 정군 본인에게도 포 2필을 받을 수 있었다. 합하면 포 6필인데 이는 벼로 6석이었다. 정군을 10명만 방군해도 60석이고, 100명이면 600석이며, 1,000명이면 6,000석이다. 이렇게 생긴 수익의 일부는 부대 비용으로도 쓰였지만 대부분은 착복할 수 있었다. 부대장들은 장부 조작을 통해서도 착복했다. 예컨대 100명을 방군하고 장부상으로는 10명만 방군한 것으로 하는 식이었다.

이 결과 임진왜란 직전 장부상의 군보는 50만을 웃돌았지만 정작 상비 병력은 거의 없었다. 임진왜란에서 관군이 힘을 쓰지 못한 이유 중의 하나가 방군수포에 있었다. 여기에 더해 병자호란과 대기근까지 겪으면서 17세기 전반 인구는 수백만 단위로 줄어들었다. 당연히 군보도 크게 줄었는데, 숙종 초반 군보는 30만까지 줄었다.

하지만 계속해서 군보를 줄일 수는 없었다. 군보가 줄어든다는 것은 국방력이 약화된다는 뜻이었다. 이에 병자호란의 혼란과 대기근의 충격을 벗어나면서 다시 군보를 늘리기 시작했다. 이 결과 영조 28년(1752) 군보는 50만여 명까지 증가했다. 조선 성종 연간의 50만과 엇비슷한 규모였다.

군보가 늘면서 면제자도 같이 늘었다. 문제는 불법 면제제가 너무 많았다는 사실이다. 『영조실록』에 의하면 동왕 28년에 총 가구 수는 134만 호였다. 이 중에서 양인 가구는 100만 호가 넘을 것으로 추산된다. 따라서 100만 이상의 양인 가구에 공평하게 50만 군보를 배분하면 각 가구당 부담은 2분의 1 이하가 된다. 군보 2분의 1이면 포로는 1필, 쌀로는 6두, 벼로는 15두였다. 한 양인 가구에서 이 정도의 부담은 사실 그렇게 큰 문제는 아니었다.

하지만 총 134만으로 추산되는 가구 중에서 이런저런 이유로 군보에서 면제되는 가구가 너무 많았다. 예컨대 절반이 넘는 72만 가구가 잔호殘戶 또는 독호獨戶 명목으로 면제됐다. 잔호는 쇠잔한 가구라는 뜻으로 불구자나 노약자 또는 부녀자만으로 구성된 가구이고, 독호는 혼자 사는 가구라는 뜻으로 독신 가구다. 17세기 양란과 대기근을 겪으면서 수많은 장정들이 사망한 결과 잔호, 독호가 폭증한 결과였다. 요즘의 생활 보호 대상자가 바로 조선시대의 잔호, 독호였다. 이들 가구에는 장정이 없었고, 혹 있다고 해도 불구자가 대부분이었다. 당연히 이런 가구에 군보를 배당할 수는 없었다.

잔호, 독호를 제외한 62만 가구는 장정을 보유한 충실한 가구였다. 이들 가구에 공평하게 군보를 배정하면 군보가 50만이기에 1 이하가 된다. 하지만 이들 가구 중에서도 양반, 향리, 노비 등은 또 면제 대상이었다. 그렇게 면제된 가구가 50만이 넘었다. 이렇게 보면 충실한 가구 중에서 군보 면제 비율은 80퍼센트가 넘는다.

조선 건국 직후 40만 장정 중에서 면제된 인원만 10만이었다. 그 당시 40만 장정은 충실한 가구에서 1명 정도로 산출된 수치였다. 그중 10만이 면제됐다는 것은 충실한 가구 40만 중에서 10만 가구가 면제됐고, 면제 비율은 25퍼센트라는 뜻이다.

그런데 영조대에는 충실한 가구가 조선 건국 직후의 40만 가구에서 62만 가구로 22만 가구나 늘었지만, 면제 비율이 기왕의 25퍼센트에서 80퍼센트 이상으로 폭증했기에 정작 군보 대상자는 줄어드는 기현상을 보였다. 영조대에 면제자가 폭증한 이유는 무엇보다도 양반과 노비의 증가 때문이었다. 원래는 농민이었던 사람들이 족보를 위조하거나 관료임명장을 위조해 양반으로 둔갑했다. 이런 가짜 양반들은 향리에게 뇌물을 주고 군보에서 면제됐다. 게다가 노비 인구 자체가 늘어나면서 면제자가 폭증했던 것이다.

결국 영조 당시 50만 군보는 나머지 12만 가구에 배당됐다. 단순히 계산해도 가구별로 할당되는 군보는 4가 넘었다. 군보가 4면 포가 8필, 쌀로는 48두, 벼로는 120두였다. 여기에 부대 비용까지 더하면 실제 비용은 쌀로는 60두, 벼로는 150두를 넘었다. 게다가 면제되지 않은 12만 가구는 대부분 가난한 소작농이었다. 이들 가구의 연간 총수입은 쌀 10석, 즉 150두 정도였다. 그 150두에서 절반을 소작료로 지불하고, 60여 두의 쌀을 군보 명목으로 내고 나면 남는 게 없다. 결국 군보를 담당하는 12만 가구는 견디지 못하고 파산하거나 도망치는 수밖에 방법이 없을 것이다. 당장 이들 12만 가구를 살리기 위해, 또 국가를 살리기 위해 군보 문제를 손봐야만 하는 상황이었다.

조선 후기 군보 폐단을 해결하기 위해 본격적으로 노력한 왕은 숙종이었다. 숙종은 군보 문제의 심각성을 인식하고 이를 해결할 대책을 세우라 명령했다. 신하들은 호포戶布, 결포結布, 유포游布, 정전丁錢 등 다양한 대안을 제시했다. 이런 대안들은 근본적으로 군보에서 면제된 양인 가구에 부담을 지우려는 것이었으므로 자연히 강력한 저항을 불러일으켰다.

먼저 호포는 모든 양인 가구에 군포를 부과하자는 주장이었다. 그러면 적어도 100만 가구에서 호포를 징수할 수 있었다. 숙종 당시 군보가 30만이었으므로, 이들이 각각 2필씩 낸다고 하면 군포 수입은 총 60만 필이었다. 이를 100만 가구에 분배하면 가구당 0.6필이었다. 쌀로 환산하면 3두 6승이었다. 계산상으로는 이렇게 하는 것이 수월하고 공평했다.

하지만 양인 가구 전체에 군포를 부과한다면 당장 잔호나 독호에도 그렇게 할 것인지가 문제됐다. 생존 자체가 어려운 잔호나 독호에 3두 6승을 호포로 부과한다는 것은 어진 정치를 주장하는 유교 이념에도 맞지 않았다. 그래서 잔호나 독호를 제외해야 한다면 새로 호구조사를 해서 어떤 가구가 잔호이고, 독호인지를 확인해야 했다. 이 또한 요원한 일이었다.

양반들은 호포에 반대하고 나섰다. 호포를 시행하면 양반 가구도 군포를 내야 했다. 그렇게 되면 양반과 농민 사이에 신분 구분이 없어지는 셈이었다. 양반들은 호포가 시행되면 양반사회가 무너진다고 주장했다. 더 나아가 수많은 양반들이 평생 독서만 해서 가난하기 짝이 없는데 이들에게 호포를 징수하는 것은 가혹하다는 주장도 제기했다. 결국 호포는 민생을 외면한 잔인한 정책이란 비난만 받고 흐지부지됐다.

다음으로 결포는 결結, 즉 토지에서 군포를 징수하자는 정책인데, 이에 대해서는 이중과세라는 비난이 일어났다. 당시

토지에는 이미 전세를 비롯해 대동세와 삼수미 등 온갖 세금
이 부과되어 있었다. 여기에 결포를 또 부과하면 토지 소유자
는 과중한 세금으로 파산할 가능성이 있었다. 게다가 토지 소
유자의 대다수는 양반이었기에 이들의 저항은 강력했다. 결
국 결포 역시 양반들의 반대로 무산되고 말았다.

그 밖에 유포는 가짜 양반들을 색출해 군포를 부과하려는
정책이었고, 정전은 모든 장정에게서 현금을 징수하려는 정
책이었는데, 그렇게 하려면 호적조사가 선행돼야 했다. 하지
만 호적조사를 실시하면 전국의 백성들이 혼란에 빠질 가능
성이 높았다. 순수한 호적조사가 아니라 군보를 배정하기 위
한 조사이므로 수단과 방법을 가리지 않고 빠지려 할 게 분명
했다. 이에 유포도 정전도 흐지부지됐다.

군보 문제를 해결하려던 숙종의 노력은 모두 물거품으로
돌아갔다. 숙종은 군보 폐단을 개혁하기 위해 동왕 8년(1682)
이정청釐正廳을 설치했다가 취소했고, 또다시 동왕 29년(1703)
에 이정청을 설치해 의욕을 불태웠다. 하지만 강력한 반대에
부딪쳐 모든 군보 부담을 2필로 공인하는 것으로 논의가 끝
났다. 당시 군보 가격은 복무 강도에 따라 천차만별이었기에
이것을 일률적으로 2필로 공인한 것도 나름대로 의미가 있기
는 했다. 하지만 그 정도로 군보 문제가 해결될 수는 없었다.

숙종에 이어 왕위에 오른 경종 역시 군보 문제를 해결하고자 했다. 양역청良役廳을 설치한 것도 그래서였다. 양역청이란 양역에 관한 업무를 담당하는 관청이란 뜻이다. 조선시대 군보는 노비를 제외한 양인에게만 해당했기에 군역을 곧 양역이라고 했다.

양역청은 경종 3년(1723) 9월 호조판서 이태좌와 이조판서 유봉휘가 당상관에 임명되면서 본격적인 활동에 들어갔다. 하지만 양역청이 설치된 지 겨우 1년 만에 경종이 갑자기 승하함으로써 제대로 활동할 수 없었다. 양역청은 이름만 존재할 뿐 개점휴업 상태였다.

영조가 자부하던 치적,
균역법

균역법은 영조가 크게 자부하던 치적이었다. 나이가 지긋해진 영조는 신하들에게 이렇게 말하곤 했다. "균역법은 내게 하나의 큰 사업이었다. 명목상으로는 그것이 자리를 잡았지만 백성들에게 실제로 혜택이 돌아가는지는 모르겠다. 그래서 혼자 '그때 그 일을 주관했던 신하들의 자손이 번성하면 그 사업이 성공했다는 증거가 될 것'이라 생각한다."

균역법은 영조 사후 후계 왕은 물론 신료들에게도 크게 칭송받았던 치적이다. 예컨대 영조가 승하한 직후 정조는 영조의 3대 업적 중 하나로 균역법을 꼽았다. 서명응이 지은 영조의 행장에서는 균역법에 관한 전말을 자세하게 싣고 그 어려운 일을 해낸 영조의 성덕을 크게 칭송했다. 영조 스스로는 물론 후손들에게 균역법이 크나큰 업적으로 칭송받은 이유는 그만큼 어려운 사업이었기 때문이다.

균역법은 영조 이전부터 오랫동안 논란이 됐던 현안이었다. 논란의 핵심은 군보에서 면제되는 가구가 너무 많다는 것이었다. 예컨대 영조가 균역법을 시행하기 직전, 총 134만 가구 중에서 122만 가구가 군보에서 면제됐다. 무려 전체 가구의 90퍼센트 이상이 면제였다. 결국 면제되지 않은 12만 가구가 군보 50만을 부담했는데, 그 부담을 견디지 못하고 파산하거나 도망치는 일이 비일비재했다. 그러면 국가에서 족징(族徵, 군포를 내지 못하는 사람이 있으면 그 일가붙이에게 대신 물리던 일), 인징(隣徵, 군정이 죽거나 도망해 군포를 받지 못하면 이를 그 이웃에게 물리던 일), 백골징포(白骨徵布, 죽은 사람의 이름을 군적과 세금 대장에 올려놓고 군포를 받던 일), 황구첨정(黃口簽丁, 어린아이를 군적에 올려 군포를 징수하던 일) 등을 통해 부족한 군보를 채웠고 이는 다시 양인 가구의 파산을 부채질하는 악순환을 불러왔다.

이처럼 군보 문제는 근본적으로 면제 가구의 폭증에서 나타났기에 그것을 해결할 수 있는 대안 역시 명백했다. 첫째는 군보 수를 줄이는 것이었고, 둘째는 군보를 부담하는 양인 가구 수를 확대하는 것이었다. 하지만 둘 다 쉬운 일이 아니었다. 군보 수를 줄이면 국방력 약화로 이어지기에 함부로 줄일 수가 없었다. 국가에서는 가능한 한 군보 수를 고정시키고자 했다. 이에 따라 군보 문제는 어떻게 양인 가구의 수를 늘리는가에 달려 있었다. 그런데 양인 가구의 확대는 궁극적으로 양반 계층의 이해와 충돌했다.

조선 후기 양인 가구가 급격히 줄어든 가장 큰 이유는 많은 수의 농민 가구가 가짜 양반으로 둔갑했기 때문이었다. 따라서 양인 가구의 수를 늘리기 위해서는 가짜 양반을 색출해야 했다. 더 나아가서는 양반 가구 자체에도 군보를 배당해야 했다. 하지만 양반은 조선시대 주류 세력이었다. 가짜 양반은 원래 농민이었지만 큰돈을 벌어 족보를 위조하거나 관료임명장을 위조해 양반이 된 사람이었다. 그러므로 가짜 양반은 비록 가짜이더라도 진짜 양반 이상으로 경제력이 있었다.

또한 진짜 양반은 조선 자체가 양반 나라였기에 온갖 특권을 누리는 존재였다. 그래서 진짜 양반에게서 군보를 충당하고자 하면 양반 신분을 훼손한다며 크게 반발했다. 이런 반발을 이겨내려면 결국 양반신분제를 극복해야 하는데 신분제 자체를 타파하지 않는 이상 어려운 일이었다. 숙종과 경종 때 군보 문제를 해결하기 위해 수많은 노력을 기울였음에도 불구하고 번번이 실패했던 것은 이런 현실 때문이었다.

즉위 직후 영조가 대면한 상황 역시 다르지 않았다. 영조의 명령에 따라 양역청에서 내놓은 대안은 호포, 결포 등이었는데, 이미 숙종대에 거론됐다가 흐지부지된 것들이었다. 이번에도 이해 당사자들의 반대는 여전했고 논쟁만 요란할 뿐 결론이 나지 않았다. 그런 논쟁이 무려 26년간이나 지속됐다. 그 정도로 군보 문제가 심각했던 동시에 이해 당사자들의 반발이 거셌던 것이다.

결국 영조는 백성들의 여론에 따라 결단을 내리기로 마음먹었다. 영조 26년(1750) 5월 19일, 영조는 창경궁 홍화문에 행차해 백성들의 여론을 들었다. 영조가 군보 문제를 제기한 1724년부터 계산하면 만 26년 만이었다. 그때 약 60명의 백성들이 홍화문에 모였다. 영조는 호포와 결포를 제시하고 그중에서 하나를 고르게 했다. 그러자 50명 이상의 백성들이 호포에 찬성했다. 나머지 서너 명만이 결포에 찬성했다. 이런 사실은 당시 대다수 백성들이 군보 문제가 불공평 때문에 야기됐으며 해결책은 공평한 부담이라 생각했음을 보여준다. 실제로 영조 당시 134만 가구 중 100만 이상으로 추산되는 양인 가구에서 공평하게 군보를 부담했다면 별 문제가 없었을 것이다.

문제는 결단이었다. 호포 또는 결포의 필요성은 이미 오래

전부터 제기됐지만 반론도 격렬했기에 결단을 내리지 못했던 것이다. 숙종도 그랬고 경종 역시 그랬다. 영조 또한 즉위 후 26년간 그래왔다. 이번에도 결단을 내리지 못하면 군보 문제는 영원한 논쟁으로 빠져들 가능성이 높았다. 이때 영조는 호포를 시행하기로 결단하고 시행에 필요한 세부 내용을 비변사로 하여금 검토, 결정하게 했다. 검토 결과 호포는 유효한 정책이 아닌 것으로 결론이 났다. 숙종대에 제기됐던 비판이 또다시 반복된 것이다. 이에 군보 문제는 뚜렷한 결론을 내리지 못하고 또다시 복잡한 논란에 휩싸였다. 이렇게 되면 숙종대의 실패가 반복될 수밖에 없었다.

홍화문에 행차한 때로부터 약 2개월 후인 7월 9일, 영조는 특명으로 군보 가격을 기왕의 2필에서 1필로 경감시켰다. 이것이 이른바 균역법이다. 균역법을 공포하면서 영조는 "호포, 결포는 시행할 수 없지만 감포減布 조치는 취하지 않을 수 없다. 경 등은 감축분에 대한 보충 방안을 가지고 오라. 그렇게 하지 않으면 나를 만날 생각을 말라"라는 비장한 뜻을 밝혔다. 영조가 50만의 군포를 1필씩 경감시켰으므로, 감축된 양은 총 50만 필이었다. 이를 쌀로 환산하면 300만 두였고 벼로는 50만 석이었으며, 돈으로는 100만 냥이었다. 이렇게 감축된 군포 50만 필은 반드시 보충해야 했다.

영조는 군포를 1필로 경감시킨 지 2일 후인 7월 11일에 전의감 자리에 균역청을 설치하고 예조판서 신만, 이조판서 김상로, 사직 조영국과 홍계희를 균역청 당상에 임명했다. 그들이 마련한 대책이 영조의 결재를 받아 시행됐는데 그것이 이른바『균역청사목均役廳事目』이다. 이 책은 설청設廳, 결미結米, 여결餘結, 해세海稅, 군관軍官, 이획移劃, 감혁減革, 급대給代, 수용需用, 회록會錄 10개 항목으로 구성됐다.『균역청사목』은 영조 28년(1752) 11월 간행되어 전국에 반포됐다. 영조가 군보 문제를 제기한 지 28년 만이었다.

한편 영조는 균역윤음均役綸音을 작성해『균역청사목』앞에 첨부하게 했는데, 이는 사목만 있으면 소홀히 할 염려가 있기 때문이었다. 사목은 업무 처리 지침 정도였기에 왕의 명령보다는 권위가 약했다. 그래서 영조는 왕의 명령인 윤음을 첨부함으로써 사목의 권위를 높이고자 했던 것이다. 여기에 더해 영조는『균역청사목』에 후계 왕에게 내리는 명령 또는 유언과 같은 형식을 갖추게 했다. 이로써『균역청사목』은 영조의 왕명 또는 유언과 같은 권위를 가질 수 있었다.

영조는 균역윤음에서『균역청사목』을 "결역結役에 대한 사목"이라고 표현했다. 균역법에서 가장 중요한 조치가 결역이라는 의미였다. 결역이란 '결에 부과된 군역'이란 뜻이다.

요컨대 토지 소유자에게 군보를 배당한다는 말인데, 1결당 쌀 2두 또는 돈 5전을 부담하게 했다. 균역법으로 군포는 기왕의 2필에서 1필로 감축됐는데, 1필은 쌀로 환산하면 6두였다. 그렇게 감축된 6두를 보충하기 위해 토지 소유자로부터 그 3분의 1에 해당하는 2두를 부담하게 했던 것이다.

결과적으로 결역은 기왕에 제기됐던 결포 논의가 일부분 실행된 것이라 할 수 있다. 이렇게 30퍼센트 정도를 결역으로 보충하고 나머지 70만 냥 중에서 근 60만 냥은 경비 절감으로 대체했다. 그 외 10만 냥은 어세와 염세, 선세 등으로 보충했다. 이렇게 보면 균역법으로 감축된 100만 냥 중에서 60만 냥은 경비를 절감해 해결하고, 남은 40만 냥 중에서 약 80퍼센트는 결역으로, 나머지는 어세와 염세 그리고 선세 등으로 보충했음을 알 수 있다.

균역법의 한계도 분명했다. 근본적으로 균역법의 근본 취지인 '공평한 군역 부과'가 이루어지지 않았기 때문이다. 공평한 군역 부과를 실현하려면 무엇보다도 양반들에게 군역을 부과해야만 했다. 하지만 당시 양반들은 온갖 명분을 들어 군역에서 빠져나갔다. 심지어 양반과 비양반의 차이를 군역 유무에서 찾기까지 했다. 그런 상황에서 양반에게 군역을 부과한다는 것은 양반신분제를 해체하겠다는 것이나 마찬가지였다. 양반 전체를 적대 세력으로 간주하거나 혁명을 추구하는 상황이 아니라면 양반에게 군역 부과는 불가능했다. 영조 역시 그런 한계를 뛰어넘지 못하고 양반에 대한 군역 부과를 포기했다.

그럼에도 균역법은 양반체제 아래서의 커다란 업적이었다. 무엇보다도 농민들의 군역 부담을 절반으로 경감시켰다는 점에서 큰 업적이었다. 경감된 군역 부담은 결역 형식으로 토지 소유자에게 부과됐는데, 토지 소유자는 사실상 양반이었다. 그렇게 본다면 균역법은 양반에게 직접적인 군역 부담을 부과하지는 못했지만, 토지를 매개로 간접적인 군역 부담을 부과했다고 평가할 수 있다. 이 같은 균역법 덕택에 조선왕조는 그 후로도 100년 이상을 더 생존할 수 있었다. 균역법은 멸망으로 치닫던 조선왕조를 회생시킨 위대한 업적이었다고 평가할 만하다.

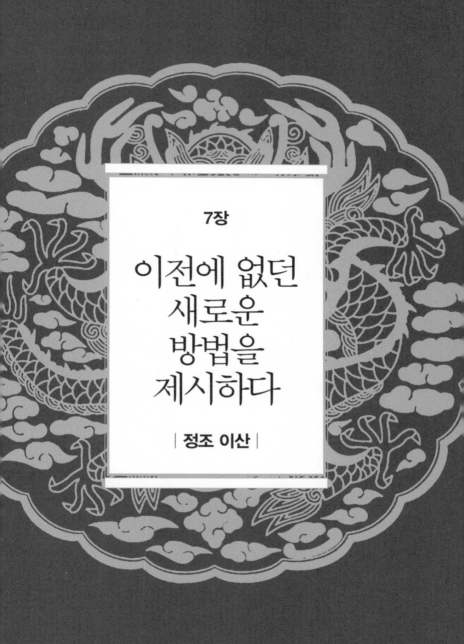

7장

이전에 없던
새로운
방법을
제시하다

| 정조 이산 |

아버지를 아버지라
부르지 못하고

『홍길동전』은 조선시대의 서얼이 어떻게 태어나는지, 서얼제
도의 무엇이 문제인지를 깊이 있게 묘사한 걸작이다. 서얼의
원한이 얼마나 깊은지도 실감나게 묘사한다. 서얼 홍길동이
사회적, 국가적 차별에 맞서 싸워 이겨나가는 장면들은 짜릿
한 쾌감을 선사한다.『홍길동전』의 줄거리는 다음과 같다.

조선 세종 때 홍희문 밖에 좌의정 홍문이 살고 있었다. 그
는 일찍이 문과시험에 합격했고 한림, 이조판서를 거쳐 좌의
정에 올랐다. 조선시대 한림과 이조판서는 요직 중에서도 최
고의 요직이었다. 최고의 가문과 실력이 뒷받침돼야만 가능
한 자리였다. 홍문은 최고 가문과 최고 실력을 겸비한 인물이

었던 것이다.

어느 날 한낮에 좌의정은 난간에 기대 깜빡 졸다가 꿈을 꾸었다. 청룡이 입으로 들어오는 꿈이었다. 태몽임을 직감한 좌의정은 즉시 안채로 들어가 본부인과 동침하고자 했다. 하지만 체면과 예의를 중시하는 본부인은 "백주 대낮에 안채로 들어와 노류장화(路柳牆花. 아무나 쉽게 꺾을 수 있는 길가의 버들과 담 밑의 꽃이란 뜻으로 창녀나 기생을 비유적으로 이르는 말)같이 하시니 재상의 체면이 어디 있습니까?"라며 거절했다. 좌의정이 억지로 동침하려 하자 본부인은 옷을 떨치며 밖으로 나가버렸다. 좌의정은 할 수 없이 사랑채로 갔다. 그때 계집종 춘섬이가 점심 밥상을 가지고 들어왔다. 좌의정은 본부인 대신 춘섬이와 동침했고, 그 결과 서얼 홍길동이 태어났다.

태몽 그대로 홍길동은 기골이 비범한 영웅이었다. 좌의정은 그런 홍길동을 사랑했다. 그러자 총애를 빼앗길까 두려워한 첩 초낭이 자객을 보내 홍길동을 죽이려 했다. 본래 곡산 기생이던 초낭은 좌의정의 첩이 되어 곡산모라고도 불렸다. 생명의 위협을 느낀 홍길동은 자객을 죽이고 가출해 포부를 펼쳤는데, 병조판서까지 올랐다가 후에 율도국 국왕이 됐다.

이 이야기를 통해 조선시대 서얼은 양반의 명분과 본능이 충돌한 결과임을 알 수 있다. 사실 좌의정이 꾸었다는 태몽 자체가 명분과 본능의 충돌이었다. 청룡이 입으로 들어오는 태몽은 곧 출중한 아들을 하늘이 점지했다는 뜻이나 같았다. 그런데 하늘이 점지한 아들을 양반의 명분과 체면에 맞게 얻으려면 때와 장소 그리고 상대를 가려야만 했다. 밤에 안방에서 본부인과 동침하는 것이 양반의 명분이자 체면이었다.

하지만 좌의정은 그 태몽을 밤이 아니라 한낮에 졸다 꿨다. 양반 명분과 체면으로는 한낮에 졸지 않고 열심히 공부해야 하는데 본능의 힘에 떠밀려 졸았던 것이다. 졸던 그 순간에 좌의정은 이미 명분과 체면 대신 본능에 굴복했던 셈이다. 그렇게 본능에 굴복한 상태였으므로 좌의정은 때를 기다리지 못하고 안방으로 갔다가 본부인에게 거절당했다. 그러나 이미 명분과 체면을 상실한 좌의정은 때와 장소 그리고 상대를 가리지 않았다. 한낮에 사랑방에서 계집종 춘섬과 동침했다. 그렇게 태어난 서얼 홍길동은 하늘의 점지를 받은 훌륭한 아들이라기보다는 오히려 좌의정의 본능을 드러내는 존재였다. 조선시대 양반에게 첩과 서얼은 자신의 본능을 드러내는 부끄러운 존재로서 감추어야만 하는 존재였던 것이다.

유교이론에서는 욕정 같은 인간의 본능을 인욕이라 하여 억제하고 통제해야 할 대상으로 간주한다. 이에 반해 명분이나 체면 같은 인간의 도리를 천리라 하여 믿고 따라야 할 대상으로 여긴다. 건국 이후 조선사회가 유교화되면 유교화될수록 명분과 체면은 중시됐지만 본능은 억제돼야 했고, 본능과 직결되는 첩과 서얼 역시 더 부끄러운 존재가 됐다. 그 결과 처첩제도는 물론 서얼 차별 역시 강화될 수밖에 없었다.

조선시대 서얼 차별은 다양한 측면에서 나타났다. 가장 분명한 차별은 말에서 드러났다. 본부인의 자식은 적자嫡子라 불렀지만 첩의 자식은 서얼庶孼이라 불렀다. 첩의 자식 중에서도 양인 출신의 첩 자식은 서자庶子, 천인 출신의 첩 자식은 얼자孼子라고 했다. 즉 서얼은 서자와 얼자의 합성어였다. 본래 적자의 '적嫡'은 '본처' 또는 '본줄기'라는 뜻이지만, 서자의 '서庶'는 '첩' 또는 '가지'라는 뜻이고, 얼자의 '얼孼'은 '곁가지'라는 뜻이었다. 따라서 적자는 '본줄기', 서자는 '가지', 얼자는 '곁가지'라는 뜻을 함축하고 있었다. 마치 하나의 뿌리에서 돋아난 나무를 본줄기와 가지 그리고 곁가지로 구분하듯, 한 아버지에게서 태어난 자식들을 적자와 서자 그리고 얼자로 차별했던 것이다. 이 같은 서얼 차별은 본부인의 큰아들이 아버지를 계승해야 한다는 유교의 '적장자嫡長子이론' 또는 '적서嫡庶이론'에 의해 정당화됐다.

조선시대 처첩제도 자체가 서얼 차별을 강화하는 요인이 되기도 했다. 본부인은 1명으로 제한됐지만 첩은 제한이 없었

기 때문이다. 홍길동의 생부인 좌의정에게도 2명의 첩, 즉 초
낭과 춘섬이 있었다. 그것은 단지 드러난 첩이 그렇다는 것일
뿐 더 늘어날 가능성도 높았다. 따라서 본부인이 생산하는 적
자에 비해 첩들이 생산하는 서얼의 수가 더 많을 개연성이 컸
다. 그러므로 양반 가문에서 첩과 서얼을 차별하지 않으면 본
부인과 적자가 첩과 서얼에게 제압당할 가능성이 높았다. 그
런 가능성을 없애기 위해 양반 가문에서는 첩과 서얼을 차별
했다. 그것도 아주 심하게 차별했다.

예컨대 서얼은 아버지를 아버지라 부르지 못하고 형을 형
이라 부르지 못했다. 홍길동은 생부 좌의정을 아버지 대신
'대감'이라 불렀으며, 스스로를 '소인'이라 칭했다. 이런 상황
이라 노비들도 서얼을 무시했다. 유산 상속에서도 차별받았
다. 이처럼 부모 형제에게도 인정받지 못하고 노비들에게도
무시받는 존재가 서얼이었고, 그것이 서얼의 골수에 사무치
는 원한이었다.

이런 상황에서 양반 가족은 겉으로는 화목한 가정이지만
내막은 모르는 남보다 못한 관계인 것이 현실이었다. 명분과
체면을 무기로 기득권을 강화하려는 본처와 적자, 원한과 절
망에 가득한 양첩과 서자, 그보다 더한 원한과 절망으로 찌든
천첩과 얼자는 한 가정에서 함께 살기는 살지만 사실상 철천

지원수와도 같았다. 그런 상황에서 가정을 유지하기 위해 양반은 첩과 서얼을 가혹하게 차별했던 것이다. 조선시대 양반 가정은 첩과 서얼에 대한 차별과 억압을 통해 유지됐다고 할 수 있다. 『홍길동전』의 주인공인 홍길동은 얼자로서 그 얼자가 얼마나 깊은 원한과 절망에 몸부림치는지, 양반 가족이 내부적으로 얼마나 심각하게 분열돼 있는지를 실감나게 보여주었다.

문제는 서얼이 가정 안에서만 차별받는 게 아니라는 사실이었다. 국가적으로도 차별받았던 것이다. 심지어 그 차별이 법제화되기까지 했다. 서얼 차별은 태종대에 처음 법제화됐는데, 그렇게 되기까지 당시 상황이 중요했다. 본래 조선왕조는 태조 이성계 일파의 무력과 정도전 등 신진사대부의 유교 지식이 결합됨으로써 건국될 수 있었다. 태조 이성계의 무력은 친아들, 사위, 외척 들을 비롯해 그의 이복형제들과 조카들을 중심으로 하는 친위 세력들로 구성됐다. 그들은 태조 이성계를 도와 조선을 건국하는 데 지대한 공헌을 했다. 이에 조선 건국 직후에는 왕자, 종친, 부마, 외척 들이 병권을 장악하고 조정의 요로를 차지해 국정을 좌우했다. 그 결과 태조 이성계의 두 번째 왕비 신덕왕후 강씨의 아들 방석이 세자에 책봉되기까지 했다.

그런 상황에 가장 격렬하게 반발한 인물이 바로 태조 이
성계의 넷째 아들 이방원이었다. 그는 본부인의 큰아들을 후
계자로 삼아야 한다는 유교의 '적장자 계승 원칙'을 명분으로
제1차 왕자의 난을 일으켰다. 세자 방석을 살해한 이방원은
스스로 왕세자에 올라 권력을 장악했다. 왕세자 이방원은 태
조 이성계를 상왕으로 밀어냈고, 둘째 형을 정종으로 추대했
다가 얼마 후 왕위에 올라 태종이 됐다. 그렇게 즉위한 태종
은 왕권을 강화하기 위해 종친과 외척을 숙청했으며, 서얼 왕
족들도 차별하고 탄압했다.

그런데 태종은 우격다짐으로 서얼 왕족들을 차별하고 탄
압한 것이 아니었다. 유교이론에 따라 왕족의 범위와 기준을
정함으로써 그 차별과 탄압을 정당화하고자 했다. 그 계기는
태조 이성계의 승하였다. 태종 8년(1408) 5월 태조 이성계가
세상을 떠났고, 동왕 9년(1409) 8월에 『태조실록』을 편수했다.
이에 따라 태조의 세계世系를 정리해야 했는데, 이는 왕족의
기준과 범위를 어떻게 정하느냐와 직결됐다.

태종은 유교의 적서이론을 명분으로 태조의 이복형제인
이화, 이원계 등과 그들의 자손을 왕족에서 배제시키고자 했
다. 당시 이화, 이원계 및 그들의 자손은 병권을 비롯한 실권
을 장악한 실세들이었기에 그들을 왕족에 포함시키면 왕위

경쟁이 치열해질 것은 당연했다. 그런데 유교이론에는 '친친親親'도 있었다. '친족을 사랑하고 아껴야 한다'는 이론이 친친이다. 적서이론만 가지고 이화, 이원계의 자손들을 차별하고 탄압하면 친친에 어긋난다는 비난을 받을 수 있었기에 태종은 또 다른 명분을 들고 나왔다. 바로 국가재정이었다. 인정으로 보면 모든 친족을 봉작하고 우대하는 것이 마땅하나 국가재정을 생각하면 그러지 말아야 한다는 명분이었다.

결국 태종은 적서이론 그리고 국가재정을 명분으로 이화, 이원계의 후손을 왕족 범위에서 완전히 배제시켰다. 그것은 태종 17년(1417) 종친봉작법과 종친녹과법宗親祿科法으로 나타났다. 당시 종친 봉작의 범위는 태조 이성계의 직계 4대 조상 그리고 태조 이성계의 직계 후손으로만 한정됐다. 종친봉작법에 따라 봉작되는 사람들이 바로 왕족이었다.

태종대에는 종친봉작제뿐만 아니라 후궁제도도 정비됐다. 직접적인 계기는 태종과 원경왕후 민씨 사이의 부부 갈등이었다. 태종은 왕위에 오른 후 원경왕후의 시녀를 가까이하다가 발각되고 말았다. 태종 1년(1401) 6월 18일자 기사에는 "임금이 궁인을 가까이하므로 원경왕후 민씨가 분개하고 노하여 가까이한 궁인이 누구냐 따져 묻자 임금이 노하여 그 궁인을 내쳤다"라는 내용이 있다. 얼핏 보면 이는 태종과 원경왕후 민씨의 단순한 부부싸움 같지만 그보다 더 중요한 문제가 있었다. 바로 왕이 후궁을 들일 수 있느냐 없느냐의 문제였다.

조선을 건국한 태조 이성계의 경우 즉위 전에 신의왕후 한씨와 신덕왕후 강씨 2명의 부인이 있었다. 한씨는 향처鄕妻, 강씨는 경처京妻로서 처첩이 아니라 둘 다 부인이었다. 이런 상황을 기준으로 한다면 태종 역시 첩, 즉 후궁을 들이지 말아야 했다. 원경왕후 민씨가 바로 그런 주장을 했다. 원경왕후는 첩을 들이지 말아야 한다는 입장, 다시 말해 일부일처제를 주장했던 것이다.

반면 태종은 후궁을 들일 수 있다는 입장이었다. 후궁을 들일 수 있다면 일부일처제가 아니라 처첩제를 시행해야 했다. 당연히 태종은 유교의 처첩이론에 따라 처첩제를 시행하고자 했다. 그 결과 태종 5년(1405) 1월 5일에 후궁제도가 성립됐는데, 후궁에는 현의賢儀, 숙의淑儀, 찬덕贊德, 순덕順德 등이 있었다. 이 같은 후궁제도에 따라 태종은 합법적으로 여러 후궁을 들일 수 있었다.

이렇게 태종대에 정비된 종친봉작제와 후궁제도는 근본적으로 적서제도와 처첩제도에 다름 아니었다. 종친봉작제의 기본 논리가 유교의 적서 논리였고, 후궁제도의 기본 논리 역시 유교의 처첩 논리였기 때문이다. 이처럼 조선왕실에서 적서제도와 처첩제도가 확립되자 그것은 곧바로 양반 가문에도 영향을 미쳤다.

태종 15년(1415) 6월 14일, 왕은 한창 농사철인데도 비가 내리지 않자 국정에 무슨 잘못이 있는지 관료들은 의견을 개진하라고 명령했다. 이 명령에 따라 1,400여 건의 제안이 접수됐다. 그중 하나가 우부대언 서선徐選 등 승정원 관료 6명이 내놓은 "종친과 각 품의 서얼 자손을 현직顯職에 임명하지 않음으로써 처첩을 구별하자"라는 제안이었다. 여기서 각 품은 1품에서부터 9품에 이르는 양반을 의미했다. 따라서 '각 품의 서얼 자손'은 '양반의 서얼 자손'이나 같은 뜻이었다. 또한 현직은 말 그대로 '높고 중요한 관직'이었다. 조선시대에는 언론과 인사 그리고 군사, 재정 등을 담당하는 관직이 현직이었다.

결국 서선 등의 제안은 양반의 서얼 자손은 언론이나 인사, 군사, 재정 등과 관련된 중요 관직에는 임명하지 말자는 주장이었다. 그처럼 중요한 관직을 차지한 서얼이 미약한 관직을 차지한 적자를 무시할 수 있기 때문이라는 것이 명분이었다. 요컨대 서선 등의 주장은 서얼에게는 적자에게 전혀 위협이 되지 않는 사소한 관직만 허락하자는 말이었다. 마치 태종이 적서를 명분으로 왕권을 강화하려 했듯, 양반들도 적서를 명분으로 적자의 권력을 강화하려 했던 것이다. 적자의 권력을 강화하려면 가문 내부의 주도권뿐만 아니라 국가 권력의 주도권도 필요했다. 적자가 국가 권력의 주도권을 잡기 위한 가장 확실한 방법은 서얼이 중요 관직을 갖지 못하도록 하는 것이었다.

당시 태종은 종친봉작제를 거의 완성시켜 가고 있었다. 왕족 중에서 서얼은 이미 적서 논리에 따라 봉작제에서 합법적으로 차별받고 있었다. 그런데 서선 등은 종친봉작제를 확대해 중요 관직에서도 종친의 서얼 자손을 배제하고 나아가 양반의 서얼 자손까지도 배제하고자 주장했던 것이다. 당연히 태종은 대찬성이었다. 이에 따라 종친과 양반의 서얼 자손은 중요 관직에서 합법적으로 배제되기 시작했다. 가문에서 차별받고 또 국가에서도 차별받으면서 사회적, 국가적으로 첩과 서얼의 힘은 급속히 약화된 반면 본부인과 적자의 힘은 급속히 강화됐다.

불만은 쌓여
반란을 부르고

태종 이후 조선사회가 유교화될수록 가문과 국가 차원에서의
서얼 차별이 점점 강화됐다. 그것이 상승효과를 불러옴으로써
서얼 차별은 더더욱 가속화됐다. 결국에는 서얼 차별이 『경국
대전經國大典』에 명문화됨으로써 법조문화되기까지 했다.

사실 태종 15년(1415)부터 종친과 양반의 서얼 자손을 현
직에 임명하지 않기로 한 결정에는 애매한 점이 많았다. 무엇
이 현직인지 또 어디까지가 현직인지부터 애매했다. 명확한
기준이 없었기 때문이다. 게다가 시간이 지나면서 서얼은 급
속도로 증가했다. 양반의 본부인보다 첩이 훨씬 많았기에 당
연한 결과였다. 수십 년이 지나자 서얼의 수는 무시할 수 없

게 늘었다. 조선 후기에는 나라의 절반이 서얼이라는 표현이 심심치 않게 등장할 정도였다. 임진왜란 이후에는 양반과 평민 가문에 서얼이 없는 집을 찾기 힘들 정도였다. 양반의 경우 대부분 첩이 있었으므로 적자보다 서얼이 많은 경우가 흔했다. 그러므로 늘어나는 서얼에 대해 특단의 대책을 세우지 않으면 중요 관직을 제외한 대부분의 관직을 서얼이 장악할 가능성이 높았다. 양반들은 그런 사태를 미연에 방지하고자 가혹한 차별 규정을 제정했고, 그것이 성종 16년(1485)에 반포된 『경국대전』에 명문화된 것이다.

서얼 차별과 관련된 『경국대전』의 규정 중에서 가장 가혹한 것은 "서얼 자손은 문과와 생원, 진사 시험에 응시하지 못한다"라는 규정이었다. 『경국대전』이 반포되던 성종 이전에는 서얼들도 문과와 생원, 진사에 응시할 수 있었다. 생원, 진사에 합격하면 성균관에 입학해 공부하다가 문과에 합격해 문관 관료로 임명될 수 있었다. 문관 관료로 임명될 때 중요 관직에서 배제되는 차별을 받았을 뿐이었다.

그런데 『경국대전』 반포 이후 서얼은 생원, 진사, 문과 시험 모두에 응시할 수 없었다. 생원, 진사에 응시할 수 없다는 것은 생원, 진사 자격으로 성균관에 입학할 수 없다는 뜻이었다. 또한 문과에 응시할 수 없다는 것은 문반 관료로 임명될 수 있는 통로가 원천 봉쇄된 것과 다를 바 없었다.

조선을 건국한 신진사대부들은 유교 지식을 갖춘 문신 위주의 국가체제를 구상했다. 중요 관직은 반드시 문과 합격자들만 차지할 수 있도록 규정했다. 예컨대 조선시대에 가장 중요한 관직으로 간주되던 사헌부, 사간원, 홍문관을 비롯해 육조의 핵심 실무자들은 모두 문과 출신만 임명하도록 규정했다. 따라서 생원, 진사, 문과에 응시하지 못하도록 규정한 것은 서얼이 국가 요직에 앉지 못하게 원천 봉쇄하던 것에서 더 나아가 아예 양반 관료가 되지 못하게 금고(禁錮, 죄과 혹은 신분의 허물이 있는 사람을 벼슬에 쓰지 않던 일)시키는 것과 같았다.

게다가 서얼의 '자손子孫'은 '아들과 손자'가 아니라 '자자손손'으로 해석했다. 그렇게 되면 서얼의 후손은 영원히 금고를 당할 수밖에 없었다. 이런 규정을 만든 양반 관료들에게 서얼은 사실 자신들의 아들이거나 형제였다. 그럼에도 서얼을 대상으로 영원한 금고라는 가혹한 규제를 가했던 것이다. 겉으로는 처첩과 적서라는 명분을 내세웠지만, 실제로는 한정된 관직을 놓고 너무 많은 양반들이 경쟁할 것이 두려웠기 때문이다. 얼마 되지 않는 양반 관직을 놓고 너무 많은 후보자들이 경쟁하면 무한 경쟁을 피할 수 없고, 무한 경쟁은 피바람을 불러올 것이 분명하기에 그런 사태를 미연에 방지하기 위해 자신들의 혈육인 서얼을 도려냈던 것이다.

서얼은 법에 의해 국가적, 사회적으로 도태됐다. 그렇게 도태된 서얼과 양반은 비록 같은 나라에 살고 있지만 사실상 각각 다른 나라에 사는 적대 세력이나 같았다. 적대 세력과 같은 서얼의 수가 늘어나자 양반은 더욱더 가혹한 차별과 억압을 통해 서얼의 불만을 누르려 했던 것이다.

그런데 서얼은 서자와 얼자에 따라 달리 차별됐고, 또 부친의 품계에 따라서도 달리 차별됐다. 『경국대전』에서는 이품과 육품을 경계로 하여 서얼이 임명될 수 있는 관직의 상한을 규정했다. 이품과 육품이 양반 관료체제에서 중요한 경계선이었기 때문이다. 조선시대 삼정승과 육조판서, 삼사 장관 그리고 팔도 관찰사 등은 이품 이상이었다. 즉, 중요 관청의 장들은 이품 이상으로 그들을 재상宰相이라고 했다. 조선시대 재상은 중요 관청의 장으로서 국가행정을 집행할 뿐만 아니라 국가의 중요 사안을 합의해 결정하는 주체였다. 즉, 조선왕조의 핵심 관료가 바로 이품 이상의 재상이었다. 또한 삼품부터 육품까지는 참상관參上官이라 불렸는데, 이들은 재상과 더불어 국가행정을 처리하는 핵심 실무 관료들이었다.

이런 배경에서 『경국대전』에서는 이품 이상 재상의 양첩 자손은 정삼품까지, 천첩 자손은 정오품까지만 임명될 수 있게 했다. 양첩 소생의 서자는 아무리 재능이 있어도 이품 이상의 재상이 될 수 없었다. 천첩 소생의 얼자라면 아무리 재능이 있어도 정오품에서 멈출 수밖에 없었다. 이에 따라 서얼은 중요 관청의 장이 될 수도 없었고, 중요 현안에서 발언권을 행사할 수도 없었다. 한편 삼품부터 육품의 양첩 자손은 정사품까지, 천첩 자손은 정육품까지 임명될 수 있게 규정했다. 또한 칠품 이하부터 관직이 없는 사람의 양첩 자손은 정오품까지, 천첩 자손은 정칠품까지 임명될 수 있었다.

『경국대전』에서 서얼의 생원, 진사, 문과 응시가 금지되자 서얼이 합법적으로 응시할 수 있는 시험은 무과와 잡과뿐이었다. 무과와 잡과에 합격한 서얼은 『경국대전』의 규정에 따라 부친의 품계 고하에 의해 한품서용(限品敍用, 신분과 직종에 따라 품계를 제한해 벼슬아치를 서용함)이 될 수 있었다. 그래서 특별한 제한을 두지 않으면 비록 말단직이기는 하지만 중요 관청의 관료가 될 수도 있었다. 『경국대전』에서는 무과와 잡과에 합격한 서얼이 승진할 수 있는 한계뿐만 아니라 배속될 수 있는 관청까지도 규정했던 것이다.

『경국대전』에 의하면 이품 이상의 양첩 자손과 천첩 자손은 사역원司譯院, 관상감觀象監, 전의감典醫監, 내수사內需司, 혜민서惠民署, 도화서圖畫署, 주학籌學, 율학律學에서만 근무할 수 있었다. 즉, 다른 관청에는 임명될 수 없었다. 하필 이품 이상의 양첩 자손과 천첩 자손만 규정한 이유는 이들이 서얼 중에서도 가장 중요했기 때문이다. 규정상 이품 이상의 양첩 자손은 정삼품까지, 천첩 자손은 정오품까지 임명될 수 있었는데, 정삼품과 정오품은 비록 재상은 아니지만 중요 관청의 상급 실무자였다. 서얼이 중요 관청의 상급 실무자가 될 가능성을 원천적으로 차단하기 위해 이품 이상의 첩 자손들은 사역원과 관상감 등에서만 근무할 수 있게 규정했던 것이다.

사역원과 관상감 등은 통역관, 천문관 등 이른바 전문 기술자들이 근무하는 관청이었다. 조선시대 이런 관청에서 근무하는 전문가들은 양반이 아니라 중인으로 간주됐다. 결국 조선시대 양반들은 법을 통해 서얼을 양반이 아니라 중인으로 격하시키려 했던 것이다.

이처럼 가혹한 법 규정에 의해 조선 전기 서얼들은 산송장 같은 삶을 살아야 했다. 재주가 있어도 무과 아니면 잡과에만 응시할 수 있었다. 무과에 합격한다고 해도 정오품 이상의 무관 관직에는 임명될 수 없었다. 그 이상의 관직에 임명되려면 사역원과 관상감 등 중인 기술직만 가능했다. 따라서 야심이 있거나 재능이 있는 서얼은 문과와 무과를 포기하고 아예 전문 기술직을 공부해야 했다. 아니면 다 포기하고 원한과 울분 속에서 죽은 듯 살아야 했다.

그 수가 많지 않았을 때 서얼들은 이런 상황을 감수할 수밖에 없었다. 하지만 수가 늘어나면서 그들은 집단으로 불만을 표출하기 시작했다. 서얼의 최대 불만은 물론 문과, 생원, 진사 시험 응시 금지였고, 그것을 철폐하고자 집단으로 행동했다. 대표적인 사례가 선조 초반에 신분申濆 등 1,600여 서얼이 집단으로 상소문을 올려 원통함을 호소했던 것이다. 순조 23년(1823) 7월에는 조선팔도의 서얼 9,996명이 집단 상소해 서얼 차별을 해소해달라 요청한 일도 있었다.

많은 서얼들이 집단으로 행동하자 그들의 요구를 완전히 무시할 수는 없었다. 게다가 서얼들은 집단 상소만으로 끝내지 않고 반란을 도모하기도 했다. 대표적인 것이 광해군대의 이른바 '칠서七庶의 옥'이다. '7명의 서얼이 일으킨 옥사獄事'란 말 그대로 서얼들이 일으킨 옥사 사건이었다.

광해군 5년(1613) 3월 어느 날인가 거금을 지닌 행상이 경상도 문경의 조령에서 은자 수백 냥을 빼앗기고 살해당했다. 살인강도들은 현장에 있던 사람들을 모두 죽여 증거를 없앴다고 생각했지만 실수였다. 춘상이라는 사람이 극적으로 살아남았던 것이다. 그는 몰래 살인강도들의 뒤를 밟아 은신처를 알아낸 후 포도청에 신고했다. 현장을 기습한 포졸들은 혐의자 몇 명을 체포했다. 그중에 덕남이라는 노비가 있었다. 고문이 두려웠던 그는 매를 맞기 전 아는 대로 자백했다. 그에 따르면 범인은 박응서, 서양갑, 심우영 등 7명의 서자로서 그들은 모두 명문대가의 서자였다. 박응서, 서양갑 등은 일찍이 서얼 금고 폐지를 주장하며 연명 상소를 올린 일이 있었다. 하지만 그 요청은 거절당했다.

좌절한 그들은 '무륜당無倫黨'이라는 조직을 만들고 조선 팔도를 무대로 강도 행각을 벌였다. 그중 하나가 조령에서의 살인강도 짓이었던 것이다. 그들이 강도 행각을 벌인 목적은 '무륜당'이라는 조직 이름에서 명확하게 드러난다. '인륜이 없는 무리' 또는 '인륜을 없앤 무리'라는 뜻 그대로 그들은 '유교 윤리 타파'를 기치로 내건 사람들이었다. 그들에게 적서와 처첩을 명분으로 서얼에게 금고 제재를 가한 유교 윤리는 타파해야 할 대상일 뿐이었다. 유교 윤리를 타파한 후, 그들이 어떤 세상을 만들려 했는지는 확실하지 않지만, 최소한 서얼 차별이 없는 세상을 만들려 했을 것임은 확실하다. 그것은 결국 서얼들이 양반체제를 전복시키려 했다는 뜻이다.

문제는 이 같은 서얼의 수가 계속 늘어난다는 데 있었다. 그들의 수가 늘면 늘수록 더 과격해질 것이 분명했다. 따라서 어떻게든 그들의 불만을 달랠 필요가 있었다. 서얼의 원한을 풀기 위해, 또 서얼과 양반을 화합시키기 위해서도 그렇게 해야만 했다. 그대로 내버려둔다면 양반과 서얼 사이에 내전 가능성도 있었다. 기왕의 차별과 억압만으로는 더 이상 서얼의 불만을 억누를 수 없는 상황이었던 것이다.

그런데 서얼의 최대 불만이 금고, 즉 문과 응시 금지이므로 그 불만을 해소하려면 서얼 금고부터 철폐해야 했다. 그래야 한다는 주장은 이미 성종 당대부터 제기됐다. 『경국대전』 반포 후 1년 내내 가뭄이 들어 굶어 죽은 시체가 길에 즐비할 정도였다. 그러자 금고를 당한 서얼의 원한 때문이라는 주장이 나왔고, 가뭄을 해소하기 위해서는 서얼 금고를 풀어야 한다는 주장이 제기됐다. 하지만 서얼 금고를 풀기 전에 성종이 승하하고 말았다. 이후 중종대에 조광조, 선조대에 율곡 이이 등도 서얼 금고를 풀어야 한다고 요청했지만 기득권을 지키려는 양반들의 반대로 실현되지는 않았다.

조선시대 서얼 금고는 인조반정 이후에야 풀렸다. 주지하듯 인조반정은 율곡 이이의 제자들이 주축이었다. 반정 성공 후, 그들은 스승의 유지를 계승하고 나아가 인심을 수습하기 위한 차원에서 서얼 금고를 풀고자 했다. 인조 3년(1625) 9월 14일, 홍문관 부제학이던 최명길은 동료들과 함께 상소해 서얼 금고는 천리와 인정을 해치는 악법이므로 개정해야 한다고 주장했다. 인조는 그 상소문을 이품 이상의 재상들로 하여금 논의하게 했다. 그 결과 삼정승을 비롯한 재상들이 모두 찬성함으로써 서얼 금고가 풀렸다.

그런데 당시의 서얼 금고 해제는 완전한 해제가 아니라 제한적인 해제였다. 즉, 양첩의 자손은 손자대부터 문과에 응시할 수 있게 했고, 천첩의 자손은 증손대부터 문과에 응시할 수 있게 했다. 과거에 합격해도 청직에는 임명하지 않는다는 단서까지 붙었다. 당시 청직은 이조, 병조, 예조 등의 핵심 요직을 지칭했으므로 과거에 합격한 서얼은 그것을 제외한 호조, 형조, 공조에만 임명될 수 있었다. 결국 인조대의 서얼 금고 해제는 서얼의 문과 응시는 허락했지만 중요 관직 임명은 금지했던 수준의 해제였다.

하지만 몇 년이 지나도록 실제 관직에 임명되는 서얼은 거의 없었다. 관료 추천권을 가진 양반 관료들이 서얼을 배제시켰기 때문이다. 비록 이런 한계가 있기는 했지만 인조대의 서얼 금고 해제는 태종대로부터 장장 200년 만의 조치로서 역사적으로 큰 의미를 가진다.

서얼 금고 해제가 실효를 발휘한 것은 영조대부터였다. 숙종과 숙빈 최씨 사이에서 태어난 영조는 서얼의 원한을 몸소 겪어본 왕이었다. 그런 영조인지라 즉위 후 서얼 차별을 해소하기 위해 노력했다. 영조는 1724년에 즉위했는데 서얼 금고가 해제된 인조 3년으로부터 이미 100년이 지났지만 실제 양반 관료에 임명된 서얼은 손에 꼽을 정도였다. 서얼 금고 해제가 유명무실했던 것이다.

이런 문제점을 간파한 영조는 서얼을 중요 관직에 임명함으로써 명실상부하게 서얼 금고를 해제시키고자 했다. 하지만 양반 관료들의 비협조로 영조 역시 오랫동안 실효를 거두지 못했다. 영조는 탕평책을 통해 왕권이 안정된 후 본격적으로 서얼들을 중요 관직에 임명하기 시작했다. 대표적인 사례가 영조 48년(1772) 8월에 사간원 정언과 사헌부 지평에 서얼을 임명한 사건이다. 정언과 지평은 조선시대를 대표하는 핵심 관직인데 그 자리에 서얼을 임명했던 것이다.

나아가 영조는 서얼도 아버지를 아버지라 부르고 형을 형이라 부르게 하라는 명령까지 내렸다. 양반 입장에서는 적서 명분이 무너질 것 같은 위협을 느낄 수밖에 없었다. 당연히 거센 반발이 일어났다. 노년의 영조는 서얼 차별 해소를 자신의 마지막 사명이라 주장하며 강력하게 밀어붙였다. 그러나 본격적인 실효를 보기 전인 영조 52년(1776) 3월 5일에 승하하고 말았다. 이로써 서얼 차별을 해소하는 사명은 후계 왕 정조에게 넘어갔다.

홍국영의 대안,
서얼을 규장각 관리로

정조 1년(1777) 3월 21일 진시(오전 7~9시)에 왕은 경희궁 흥정당
으로 행차했다. 그 자리에는 좌의정 김상철, 우의정 정존겸 등
이 있었다. 몇 가지 현안을 논의하던 정조는 갑자기 명령했다.
"서얼의 일에 이르러 말한다면, (영조대) 중요 관직에 임명하기
로 결정했지만 유명무실해지고 말았으니, 나는 몹시 불쌍하
게 생각한다. 그와 관련해서 한번 명령을 내리고자 했지만 그
러지 못했다. 이제 마땅히 전교傳敎를 써서 내릴 것이니 경 등
은 살펴보라." 정조는 오래전부터 서얼 문제를 고민해왔다.
하지만 섣불리 거론했다가는 역효과만 낼 듯해서 때를 기다
렸다가 정조 나름의 논리와 대안이 서자 이런 명령을 내렸던

것이다.

『승정원일기』에 의하면 이 명령 후에 정조는 곧바로 전교를 구술했다. 이미 정조는 서얼 문제를 어떻게 처리할지 결정이 섰던 것이다. 그래서 좌의정이나 우의정 의견도 묻지 않고 전교를 구술했다. 그중에는 "아! 저 서얼들도 나의 신자臣子인데 그들로 하여금 자리를 얻지 못하게 하고 또한 그들의 포부도 펴지 못하게 한다면 이는 또한 과인의 허물이다. 이조와 병조의 신하들은 대신과 논의하여 서얼을 소통할 수 있는 방법과 권장하고 발탁할 수 있는 방법을 특별히 강구하라"라는 내용이 있었다.

정조가 이조와 병조로 하여금 방법을 강구하라 명령한 이유는 이조와 병조가 인사행정을 담당했기 때문이다. 조선시대 이조는 문관의 인사행정을 담당했고, 병조는 무관의 인사행정을 담당했다. 따라서 정조는 서얼을 문관과 무관의 중요 관직에 두루 발탁하고자 했음을 알 수 있는데, 문제는 어느 정도의 중요 관직에 임명할지였다. 중요 관직은 양반의 핵심 이해가 달린 문제라 거센 반발이 예상됐다. 정조가 양반들의 논의와 합의를 통해 서얼들에게 양보할 중요 관직의 종류와 범위를 결정하라 명령한 것은 그래서였다.

다만 분명한 지침을 내리지 않으면 애매모호하게 보고함

으로써 책임만 모면하려 할 가능성이 높았다. 그래서 "문관은 어떤 관직까지 승진할 수 있는지, 또 음관蔭官은 어떤 관직까지 승진할 수 있는지, 아울러 무관은 어떤 관직까지 승진할 수 있는지 그 단계를 자세히 밝혀 보고하라"명령했다. 문관, 무관, 음관의 종류에 따라 서얼이 어떤 관직까지 어떤 방식으로 승진할 수 있는지 구체적으로 논의하라는 명령이었다. 실용주의자이자 현실주의자인 정조의 특징이 적나라하게 드러나는 대목이다. 이 명령에 따라 이조에서는 절목節目을 올렸다. 절목에는 문관 서얼, 무관 서얼, 음관 서얼의 소통과 발탁에 관한 대원칙이 구체적으로 명시됐는데, 가장 중요한 문관 서얼은 다음과 같았다.

서얼 중에서도 문과에 합격할 정도의 실력자라면 능력과 야심이 대단할 것이었다. 양반들에게 위협적인 존재는 당연히 이런 문관 서얼이었다. 그 문관 서얼에게 어느 정도의 중요 관직을 양보할 것인가가 중요했다. 절목에서는 문과에 합격한 문관 서얼이 중앙의 호조, 형조, 공조의 참상관까지 승진할 수 있게 했다. 달리 말하면 서얼은 이조, 병조, 예조의 참상관이 될 수 없다는 뜻이었다. 결국 조선시대 육조 중에서 핵심 관청은 이조, 병조, 예조였는데, 그곳의 핵심 관직은 양반들이 장악하겠다는 의미였다. 게다가 호조, 형조, 공조의 참상관으로 승진한 서얼은 그 이상 승진할 수 없었다. 참상관은 육품에서부터 사품까지이므로 호조, 형조, 공조에서 근무하는 서얼은 아무리 승진해도 사품에서 끝이었다. 그 정도가 양반들이 생각하는 최고의 양보였다.

한편 절목에서는 서얼 문관이 지방 관직으로 목사牧使와 부사府使까지 승진할 수 있게 했다. 목사와 부사는 정삼품 지방관으로 참상관보다는 높았다. 호조, 형조, 공조에서 탁월한 능력을 발휘한 문관 서얼은 지방관으로 목사와 부사까지 역임하고 물러나라는 것이었다. 즉, 문관 서얼은 아무리 능력이 뛰어나도 정삼품 목사와 부사 이상은 금지된다는 뜻이었다. 조선시대 핵심 관직은 이품 이상의 재상들이 장악했는데, 재상직은 절대 양보하지 못하겠다는 것이 당시 양반들의 생각이었다.

다만 절목 중에 "그 가운데 문장과 학식 및 행실이 특별히 뛰어난 자, 재주와 능력 및 실적이 아주 탁월한 자는 마땅히 발탁하여 기용하는 방도가 있어야 하는데 이는 반드시 일세一世의 공의公議가 허락하기를 기다린 연후에 묘당廟堂과 전관銓官의 품지稟旨를 거쳐 시행한다"라고 함으로써 예외를 인정하기는 했다. '문장과 학식 및 행실이 특별히 뛰어난 자, 재주와 능력 및 실적이 아주 탁월한 자'라고 하는 것 자체가 어려운 일이었다. 설사 그런 능력자가 존재한다고 해도 '일세의 공의가 허락하기를 기다린 연후에'라고 했는데, 이런 일은 사실상 불가능했다. 혹 그런 인물이 있다고 해도 또다시 '묘당과 전관의 품지를 거쳐 시행한다'라고 함으로써 양반 관료들의 장벽을 통과해야만 가능하게 했는데, 이것 역시 몹시 어려운 일이었다.

이처럼 절목에 명시된 양반들의 양보라는 것은 인조대의 수준, 즉 이조, 병조, 예조를 제외한 호조, 형조, 공조의 참상관에 불과했다. 그것은 영조대보다 훨씬 후퇴한 수준이었다. 그나마 그것이 양반들이 생각하는 최대한의 양보였다. 만약 정조가 그 이상을 요구한다면 양반 관료들과 심각하게 충돌할 수밖에 없었다. 즉위 직후의 정조는 그런 위험을 감수하려 하지 않았다.

더 심각한 문제는 양반 관료들이 이조에서 정한 절목조차도 전혀 실행하지 않는다는 것이었다. 인사권을 양반들이 장악하고 있었는데 그 인사권을 이용해 서얼을 소외시켰던 것이다. 예컨대 호조, 형조, 공조의 참상관이 되려면 이조의 추천을 받아야 가능한데 이조의 관료들이 추천하지 않으니 정조는 임명할 수가 없었다. 지방의 목사나 부사 역시 마찬가지였다.

이에 따라 정조의 명령으로 절목이 반포된 이후 몇 년이 지나도록 서얼은 호조, 형조, 공조의 참상관도 되지 못했고 지방의 목사나 부사도 되지 못했다. 정조 3년(1779) 12월 20일에 왕이 "서얼들을 전혀 추천하지 않아 오히려 절목이 반포되기 전보다 못하다" 탄식할 정도였다. 양반들이 정조의 명령에 의해 억지로 절목을 작성하기는 했지만, 속마음으로는 저항하고 있었기에 나타난 결과였다. 따라서 이런 상황을 우격다짐으로 바꾸기는 어려웠다. 불만에 가득한 양반의 마음은 아무리 왕이라고 해도 어쩔 수 없었다. 그런 상황에서 정조는 보다 현실적인 방식으로 대응했다. 정조는 기왕의 규장각을 이용해 서얼 문제를 해결하고자 했던 것이다.

본래 규장각은 왕실 도서관으로 시작됐다. 정조는 즉위 직후인 1776년 3월 송나라의 전례에 따라 역대 왕의 어제, 어필을 모실 건물 하나를 세우기로 결정했다. 당시 영조의 어제와 어필이 1만 권에 이르렀고 거기에 더해 역대 왕의 어제와 어필을 더하면 수만 권이 되는데도 불구하고 제대로 된 보관처가 없었다. 이에 1776년 9월 25일 어제와 어필을 보관하고 나아가 학술도 연구하기 위한 규장각을 창덕궁 후원에 설치했다. 세종대의 집현전을 계승하는 규장각은 최고의 왕립 도서관이자 최고의 왕립 연구소였다. 규장각에 배속된 제학,

직제학, 직각, 대교 등은 최고의 실력자로서 왕의 최측근이었다. 이에 따라 정조대에는 규장각에서 근무한다는 사실 자체가 최고의 명예이자 권위가 됐다.

그런데 규장각 부속 건물 중에 창덕궁 후원의 봉모당奉謨堂이 있었다. 이 봉모당에 역대 국왕의 어제와 어필 및 왕실 족보 등이 봉안됐다. 봉모당의 '모謨'라고 하는 글자는 선왕 또는 현인이 후세를 위해 남긴 훌륭한 계책 또는 가르침이란 뜻으로, 봉모당이란 그 같은 어제와 어필을 모시는 건물이었다.

봉모당에 모신 어제와 어필 중에서도 영조의 어제와 어필이 중요했다. 영조는 정조에게 할아버지이기도 하고 직접 왕권을 물려준 선대왕이기도 했다. 봉모당에는 이런 영조의 어제와 어필이 봉안됐기에 정조는 매년 봄 1월과 가을 7월에 왕세자와 함께 전배展拜했다. 뿐만 아니라 매달 보름 전과 보름 후에 규장각 관료 2명이 봉심하게(능이나 묘를 보살피게) 했다. 또한 봉모당의 자료를 참고해야 할 일이 있으면 마치 사고에서 실록을 고증할 때 하듯이 반드시 2명을 갖추어 예를 거행하게 했다.

이처럼 봉모당은 규장각의 부속 건물 중에서도 중요한 곳이었다. 하지만 봉모당은 겨우 네 칸밖에 되지 않아 공간이 넉넉지 못했다. 그래서 창덕궁 서쪽문인 금호문 안쪽, 즉 선원

전 서쪽에 있던 이문원摛文院을 봉모당 분관으로 삼아 그곳에도 어제와 어필을 보관했다.

정조 3년 3월 27일, 규장각 제학 홍국영은 상소문을 올렸다. "지금 서얼 중에 문장과 학식이 있는 자가 많지 않은 것이 아닌데, 다만 벼슬길이 제한되어 그들이 품은 재주를 시험하지 못하니 애석합니다." 그는 이러한 상황을 해결하기 위해 "교서관의 자리 중에서 네 자리를 덜어내어 검서관檢書官이라 이름하고, 서얼 중에 합당한 자를 뽑아 임명"하자고 제안했다. 홍국영은 정조의 핵심 심복이었다. 그 홍국영이 정조의 뜻을 받들어 서얼 문제를 해결하기 위해 교서관에 검서관 네 자리를 마련하고 서얼을 임명하자고 제안했던 것이다.

그보다 2년 전에 정조는 서얼 차별을 해소하기 위한 대안을 마련하라 명령했고 그 명령에 따라 이조에서는 절목을 마련하기도 했었다. 형식적으로는 서얼 차별을 해소하기 위한 제도가 마련됐고, 서얼 차별은 해소되어야 마땅했다. 하지만 2년이 넘는 세월이 흐르는 동안 서얼은 중요 관직에서 더 배제됐고 서얼에 대한 차별은 오히려 더 심해졌다. 정조의 서얼 차별 해소 정책이 오히려 서얼들을 불리하게 만들었던 것이다.

양반들은 서얼을 차별하지 말아야 한다는 정당성에 동의

하면서도 자신들의 기득권은 양보하지 않으려 했다. 이런 상황을 타파하려면 뛰어난 서얼들에게 최고의 권위와 명예를 보장해주는 수밖에 없었다. 그런데 기왕의 관직을 이용해 그렇게 할 수는 없었다. 기왕의 관직들 중에서 최고의 권위와 명예를 보장해주는 관직은 양반들이 독점하고 있었기 때문이다. 예컨대 홍문관, 사헌부, 사간원 등의 관직은 양반들이 독점했고 그 자리는 절대 양보하려 하지 않았다.

홍국영은 정조대 최고의 학술기관이자 최고의 명예기관으로 자리잡은 규장각을 이용하고자 했다. 규장각 관직 중에서도 새로운 관직을 만들자고 했다. 그것이 바로 네 자리의 검서관이었다. 홍국영의 제안에 따라 이덕무, 유득공, 박제가, 서이수 등 4명의 서얼이 초대 검서관에 임명됐다. 그들은 모두 뛰어난 학식과 재능을 가진 서얼로 손꼽히던 인물들이었다. 그들은 연암 박지원과 함께 이른바 북학北學을 주장하며 현실적, 실용적 정책을 주장해왔다. 그들은 규장각 산하의 교서관에 소속됐고 근무지는 봉모당의 분관인 이문원이었다. 이문원에는 수많은 서적이 소장되어 있었을 뿐만 아니라 규장각에서 쓸 서적들의 교열, 교정, 필사 등도 담당했기에 검서관이 필요하다는 명분에서였다.

조선시대 교서관은 경적經籍 인쇄와 제사 때 쓰는 향과 축문 등을 관장하던 관청이었는데, 규장각이 설치되면서 그 산하 기관이 됐다. 교서관 자체가 경적 인쇄와 관련됐기에 교열, 교정, 필사가 중요한 업무였다. 그래서 규장각에서 편찬하는 책의 교정, 교열, 필사 등을 교서관 관리들이 담당했는데, 홍국영은 그것을 확장해 검서관 4명을 두자고 제안했던 것이다. 처음 교서관 소속으로 시작된 검서관은 후에 규장각 소속이 됐고, 최고의 명예와 권위를 상징하는 관직으로 자리잡았다.

검서관은 먼저 가문과 자질을 고려해 전임자 2명이 추천한 다음, 규장각 각신閣臣이 다시 3명의 후보자를 갖추어 올리면, 왕이 최종 낙점하는 방식으로 임명됐다. 따라서 검서관 임명에서 가장 중요한 절차는 전임자 2명의 추천이었다. 이에 따라 초대 검서관 4명 이후의 검서관도 대부분이 서얼로 충원됐다. 서얼 검서관이 서얼 검서관을 추천한 결과였다. 조선시대 전임자의 후임자 추천은 홍문관, 춘추관 같은 핵심 요직에서만 가능했다. 그 같은 후임자 추천권을 검서관도 행사할 수 있었던 이유는 정조의 특별한 배려 덕분이었다. 이렇게 충원된 서얼 검서관이 왕의 핵심 측근이자 핵심 요직으로 자리잡으면서 서얼의 권위와 명예는 크게 높아졌다.

이러한 분위기 속에서 이덕무, 유득공, 박제가 등은 개인적으로 뛰어난 업적을 남길 수 있었다. 정조대를 찬란한 문화시대로 만드는 데도 큰 기여를 했다. 이를 통해 서얼의 불만이 크게 해소된 것은 당연했다. 검서관제도가 서얼 차별 자체를 없애지는 못했지만 양반체제 안에서는 커다란 개혁이자 성과였다.

신의 한 수

초판 1쇄 발행 2019년 9월 16일

지은이   신명호
펴낸곳   도서출판 이와우
주소   경기도 파주시 운정역길 99-18
전화   031-945-9616
이메일   editorwoo@hotmail.com
홈페이지   www.ewawoo.com

인쇄·제본   (주)현문

출판등록   2013년 7월 8일 제2013-000115호

ISBN 978-89-98933-35-7 (03910)